電子図書館・
電子書籍サービス
調査報告2023

誰もが利用できる読書環境をめざして

一般社団法人電子出版制作・流通協議会 監修
植村八潮・野口武悟・長谷川智信 編著

樹村房

まえがき

　本書は，一般社団法人電子出版制作・流通協議会（以下，電流協）が 2013 年から毎年行っている「電子図書館・電子書籍サービス調査」をもとに，公共図書館における電子図書館サービスについて電子書籍サービスを中心に，現状と課題，将来展望を取り上げたものである。昨年，調査開始から 10 年を経たことから，館種ごとに電子図書館のこれまでの 10 年を振り返るとともにこれからの 10 年について考える特集を組み，書名を『電子図書館・電子書籍サービス調査報告』と改めて刊行した。

　今日，電子図書館が実現する社会基盤として，大きく次の二点が期待されている。一つは，周知のとおり 2019 年 6 月に「視覚障害者等の読書環境の整備の推進に関する法律」（以下，「読書バリアフリー法」）が制定され，アクセシビリティ機能の特徴をもつ電子書籍・電子図書館が注目されたことである。もう一つは，GIGA スクール構想を背景に学校教育の ICT 利活用の推進のために，公共図書館と学校図書館の連携が注目されたことである。既刊では電子図書館の普及や推進を中心に論じてきたが，本書では電子図書館が実現する多様性について論じることとした。そこで，電子図書館・電子書籍サービスが新たな段階に入ったという認識のもと，副書名を「誰もが利用できる読書環境をめざして」と付した。

　「1 章　電子図書館をめぐる最新動向」では，はじめに電子図書館・電子書籍サービス調査を通して明らかになった課題について取り上げた。本調査のサマリーとして読んでいただくのもよいだろう。続いて 2 章以降の多様な電子図書館に関する考察への橋渡しとして，「国の子どもの読書活動推進施策における電子書籍の扱い」と「図書館公衆送信サービスに関する法改正と制度構築」について概観した。

　「2 章　電子図書館のアクセシビリティ」では，電子書籍に関わる業界・団体の取り組みとして，はじめに国におけるアクセシビリティをめぐる近年の検討動向を整理し，続いて出版界のアクセシビリティ対応として期待が集まっているアクセシブル・ブックス・サポートセンター（ABSC），国立情報学研究所が構築した読書バリアフリー資料メタデータ共有システム，そして国立国会図書館，電子図書館事業者，それぞれのアクセシビリティへの取り組みを詳述した。

　「3 章　多様な電子図書館の導入事例」では，はじめに長野県の「デジとしょ信州」と「比企広域電子図書館 比企 e ライブラリ」の導入と運営についてレポートする。続いて地方の公共図書館導入例として「浦添市電子図書館 1 年目の取り組み」を館長に執筆いただき，さらに学校連携の事例として，埼玉県立浦和第一女子高校における電子図書館導入の経緯とその活用を担当者に執筆いただいた。

　例年の調査結果は，「4 章　公共図書館における電子図書館・電子書籍サービス調査の結果と考察」「5 章　電子図書館・電子書籍サービス事業者への調査の結果と考察」

「資料　公共図書館の電子書籍サービスの動向」としてまとめた。

　以上の内容から，現時点における日本の電子図書館の現状を把握し，展望するうえで，十分な内容が提供できたと信ずるところである。

　さて，本年の調査は，2023 年 7 月から 8 月にかけて，全国の公共図書館を設置する自治体の中央館および公共図書館は設置していないが電子図書館（電子書籍サービス）を導入している自治体のうち，メールおよび郵送により 1,176 館を対象として依頼した。その結果，721 館（回答率 61.3％）から回答があった。

　2023 年 10 月 1 日現在，全国の電子書籍サービス導入館は 520 自治体，415 電子図書館であり全自治体数 1,788 での導入率は 29.1％である。また，図書館総数 3,315 に換算すると 1,551 館となることから導入率は 46.8％となる。さらに人口比（7,786/12,614 万人）で換算すると導入率は実に 61.7％となり，日本の国民の 6 割以上が地元の電子図書館サービスを利用可能となった。電子図書館・電子書籍サービスは普及期から多様なサービスを図る充実期に入ったといえるだろう。

　「図書館の利用可能なコンテンツ数」の平均は，昨年から 663 タイトル増加して 7,654 タイトルとなった。1 万点を超えて契約している電子図書館は 104 館で回答館のおよそ 3 分の 1 となった。紙の図書蔵書数に比して，まだ少ないものの貸出数，回転数が紙の図書を超えていくことで利用者や自治体の理解も進み，予算の配分も電子書籍に比重が移っていくことも考えられる。ただし，買切型コンテンツの提供点数も増えているものの，期間限定コンテンツの比率がまだ高く，貸出を継続するための経費が必要となる。紙の図書と電子書籍の予算配分など，蔵書設計の考え方も変えていく必要があるだろう。なお，毎年の電子図書館のシステム使用料負担を懸念する声も聞くが，クラウドシステムであることもあって，オンプレミスで図書館基盤システムを構築し，維持することと比較すれば，図書予算における比率はかなり低くなっている。

　今後は，著作権者・出版社・電子図書館事業者だけでなく，行政・図書館関係者，そして利用者の間で議論を，これまで以上に活発化していく必要がある。

　なお，今後の調査として，自治体における電子図書館導入が拡大したこともあり，実際に電子図書館を利用する人・利用できる人への電子図書館に対する認識を調査する必要性も浮かび上がってきた。今後の課題として調査を継続する所存である。

　発行が例年よりも遅くなったことをお詫びするとともに，本書が図書館はじめ，各関係者の一助になれば幸いである。

　2023 年 12 月

編者一同

も く じ

1章 電子図書館をめぐる最新動向

2章 電子図書館のアクセシビリティ

3章　多様な電子図書館の導入事例

4章　公共図書館における電子図書館・電子書籍サービス調査の結果と考察

5章 電子図書館・電子書籍サービス事業者への調査の結果と考察

［本書の執筆分担］

1章　1.1　植村八潮（専修大学文学部）
　　　1.2　野口武悟（専修大学文学部）
　　　1.3　樋口清一（一般社団法人日本書籍出版協会）
2章　2.1　野口武悟
　　　2.2　落合早苗（O2O Book Biz 株式会社）
　　　2.3　古橋英枝（国立情報学研究所）
　　　2.4　植村　要（国立国会図書館）・本田麻衣子（国立国会図書館）
　　　2.5.1　鹿室桃汰（株式会社メディアドゥ）
　　　2.5.2　金子哲弥（株式会社図書館流通センター）
3章　3.1　磯部ゆき江（二松学舎大学）
　　　3.2　長谷川智信（一般社団法人電子出版制作・流通協議会）
　　　3.3　上江洲徹也（浦添市立図書館）
　　　3.4　木下通子（埼玉県立浦和第一女子高等学校図書館）
4章　　　長谷川智信
5章　5.1　山崎榮三郎（一般社団法人電子出版制作・流通協議会）・長谷川智信

1章

電子図書館をめぐる最新動向

1.1　電子図書館・電子書籍サービス調査にみる今後の課題

1.1.1　「電子図書館サービス」への取り組み状況

　電子図書館サービスの現状と課題について，主に4章「公共図書館における電子図書館・電子書籍サービス調査」アンケート結果をもとにして検討してみよう。

　「電子図書館サービス」への取り組み状況（4.2.1）は，コロナ禍以降，順調に増加している。「電子書籍サービスを実施している」と回答した図書館（自治体）が昨年の600館中206館（34.3%）から10.8ポイント増加して，721館中325館（45.1%）となった。ただし，電子出版制作・流通協議会による調査では，2023年10月1日現在で，全国の520自治体，415電子図書館となっていて2023年の9カ月間で59自治体の増加である（176頁）。これまで，2020年52自治体，2021年129自治体，2022年189自治体と増加していたが，2023年の新規導入は鈍化したと予想される。

　一方，電子書籍サービスの未導入396館で，今後の導入意向をたずねたところ，「電子書籍サービスを実施する予定が具体的にある」が29館（7.3%），「電子書籍サービスの実施を検討中」が204館（51.5%）であった（4.2.4）。半数以上が導入を検討していることになり，今後も導入館が増えていくことは間違いがない。

　一方，「電子書籍サービスを実施する予定がない」が141館（35.6%）となった。「導入予定がない」とした図書館の変化を，毎年の回答数全体で見ていくと，2023年は2022年とほぼ同様の19.6%と横ばいである。2018年以前では，回答のあった導入図書館のうち70%以上の図書館が「導入予定がない」としており，多くの図書館で電子書籍サービスの導入の予定がない状況が続いていた。その後の導入予定のない図書館は，2019年が62.9%と多少減少し，翌2020年に新型コロナ問題の発生により電子図書館が注目されたことで42.2%にまで減少傾向となった。さらに2021年には28.0%，2022年が20.5%と大幅な減少となった。

　アンケート回答している図書館の多くは電子書籍サービスをすでに導入しており，大多数が今後も中止することなく導入を続けると考えられる。一方で町村立図書館など規模の小さい図書館が導入することなく，今後も「導入予定なし」として残されている。このことが導入館の減少傾向が横ばいとなった要因とも考えられる。

　電子書籍サービス導入館での電子書籍利用数は，回答のあった274館の利用数の平均は27,054タイトルとなった（4.3.10）。前回の平均14,428タイトルと比較して12,626増と大幅な増加である。導入館で電子書籍サービスの認知が高まった結果と考

えられる。

　参考までに日本図書館協会「日本の図書館 統計と名簿」のデータを用いて「貸出率」を「貸出冊数／蔵書数」とすると2倍前後が中央値となる。蔵書数にもよるが通常3倍を超えると貸出が多く，1倍を切ると低いといわれる。電子書籍の貸出率については公開された詳しい統計はないが，デリバリータイムのロスがない点で回転率は高く，その結果として電子書籍サービスを熱心にプロモーションしている図書館では，紙の図書より高い貸出率となっている。

1.1.2　電子書籍コンテンツの利用課題

　電子書籍サービスのコンテンツの課題では，「提供されているコンテンツのタイトル数が少ない」189館（81.5%）が相変わらず上位に位置している（4.3.4）。例年コメントしていることでもあるが，導入館では何をもって「提供されているコンテンツのタイトル数が少ない」と捉えているのだろうか。

　導入館における「図書館の利用可能なコンテンツ数」は，前回（2022年）から663タイトル増加しているものの，平均で7,654タイトル（回答302館）である（4.3.9）。その内訳をみると，1万点を超えて契約している電子図書館は104館で，回答館のおよそ3分の1である。これに対して一番多い帯域の1,000から5,000未満が123館である。一方，電子図書館事業者が提供しているコンテンツ数は，LibrariE & TRC-DLで和書135,000タイトル（このうちリフロー電子書籍は8万点程度）であり，学術専門書などをフィックス電子書籍で提供するMaruzen eBook Libraryが16万タイトルである（161頁）。両サービスの重なりを考慮しても，優に20万点を超える電子書籍が提供されていることになる。20万タイトルに対して，平均で1万点にも充たない契約点数である。何をもって「提供されているコンテンツのタイトル数が少ない」と回答しているだろうか。

　「提供されている電子書籍コンテンツのタイトルが少ない」と回答した189館に「電子書籍で必要と考えられる電子書籍のジャンル」をたずねたところ，「文芸書・小説」が87.3%と一番高い値となっている（4.3.5）。おそらく「ベストセラーが電子書籍向けに提供されない」195館（84.1%）と「新刊のコンテンツが提供されにくい」205館（88.4%）の回答（4.3.4）と考え合わせると，タイトルが少ないとは「ベストセラーや新刊などの話題書」のタイトルを意味していると思われる。

　ベストセラー図書の利用を強く希望するなら，貸出回数に応じてその都度課金する「都度課金」での提供になるだろう。その結果，ベストセラーの貸出数が増えれば図書購入予算にしめるベストセラー費用の比率が高まることになる。蔵書設計のバランスを崩すことになり，好ましい結果にならないだろう。なお，電子図書館事業者によると，最近では出版社から文芸新刊書の提供も増えているという。

そのほか，必要とする電子書籍としては，昨年よりも「児童書・絵本」66.1%，「図鑑・年鑑」46.0%,「マンガ（コミック）」18.5% など，若年層向け図書の要望が高くなっている。電子書籍サービスがある自治体の間で，学校の授業や読書活動での利活用が増加し，児童生徒向けの電子書籍コンテンツ提供のニーズが高まっていることがうかがえる。

利用実績の多い世代についての質問（4.3.7）では，12 歳未満と 12 〜 19 歳の利用が増える結果となった。立川市などのように全小中学生に ID とパスワードを配布する自治体も増えており，これまで図書館を利用してこなかった若年層へのアプローチは，読者人口を考えるうえで重要な施策といえよう。なお，過去の調査では，通常の図書館利用者層よりも若い 30 〜 50 代の利用が多い傾向があった。平日，図書館を利用しにくい働き盛りの世代にとって，電子図書館サービスが有効であることは引き続き指摘しておきたい。

コンテンツの課題として，「電子書籍貸出案内ページが，目が不自由な人や外国人住人への対応が不十分」（24.1%）指摘されている（4.3.4）。また，必要な電子書籍として，今回，初めて回答項目に入れた「外国語コンテンツ」のニーズもあることがわかった。多様な言語の電子書籍がすでに電子図書館事業者から提供されている。日本語を母語としない在留外国人が多く住む自治体の間で，電子図書館による外国語電子書籍に対して注目が高まっていると聞く。これらは，読書バリアフリー法の環境整備を進めるうえで重要な指摘として，電子図書館事業者にはこれまで以上の対応を求めたい。

1.1.3　電子書籍サービスの利用促進に向けた活動

電子書籍サービスの導入後の感想について，「計画（予想）よりも利用者が少ない」の回答が 160 館（49.2%）と約半数であった（4.3.12）。「計画通りの利用者数である」72 館（22.2%），「計画よりも利用者数が多い」50 館（15.4%）を大きく上回っている。しかし，電子図書館サービスは，導入したからといって勝手に利用されるわけではない。多くの住民から待ち望まれて電子書籍サービスを導入した自治体でもない限り，電子書籍の利用促進活動なくして利用者増はないといってよい。

利用者からの問い合わせの質問では，「利用者（住民）からの問い合わせが少ない」が 8 割以上を占めているのが現状である（4.3.14）。電子書籍サービスの利用登録率は最多回答帯が「1%〜9%」の 112 館（34.5%）である（4.3.6）。導入自治体でも電子書籍サービス自体が，まだ，住民に認知されていないといえる。使い方がわからない住民ならまだしも，普段，図書館を利用していても関心のない利用者が大半だろう。電子図書館サービスを知らない住民が大多数であり，電子書籍の利便性などをもっと知ってもらうためのプロモーションが必要である。

電子書籍サービスの認知度向上や利用促進に向けた広報活動の質問（4.3.19）では，「図書館内での利用登録案内やポスターの掲出」86.5%，「自治体広報誌への案内掲載」60.9%，「自治体 Web サイトへの公式リンク掲出」45.2% といった，極めて消極的な広報しか行われていない。先駆的導入館が積極的に取り組んでいた「図書館以外の施設へ出向いての利用登録キャンペーン実施（電子書籍サービス利用体験会等）」は，17.2% と低い数字に留まっている。

コロナ禍以前に導入した図書館では，図書館現場が導入に対して積極的に働きかけ，少ないコンテンツや限られた予算の中で工夫して運用した好事例も多い。しかし，導入館が増えることで，住民や首長，議会など，外部の声に押されて導入が決まった図書館もあるだろう。必ずしも電子図書館の活用に積極的な図書館ではなく，その結果として「利用者が少ない」と回答しながら，特にプロモーションをしていない図書館が多いと考えられる。今後は積極的な広報活動が求められる。

電子書籍サービスの運営やコンテンツの費用負担の工夫については，「図書館予算のみで行い，電子書籍サービスの運営に関してその他の工夫していることはない」が80.0% と高い率を示している（4.3.20）。電子図書館の運営で懸念事項というと「電子図書館導入予算の確保」67.1% と高い率を示しているのもかかわらず，「工夫をしていない」と答えているのである。その中で，全体では少ない例だが，「ふるさと納税の活用」が 12 館あった。

このような中で，2022 年 10 月 12 日から 2023 年 1 月 10 日まで，愛知県日進市が小中学生向けの図鑑の電子書籍導入のためのクラウドファンディングを行ったことが話題となった。「図鑑も電子で読める時代！タブレットを活用して貸し出しを実現したい！」というキャンペーンで，目標額 2,920,000 円に対し，4,085,000 円を集め，達成率 139.8 と約 4 割多く集まったのである。今年度は，「英語の本から異文化理解・多文化共生社会を学んでほしい！　電子と紙のハイブリッドで英語に触れる環境整備を」を実施している。

最後に電子図書館スタッフの人材育成をあげておく。利用促進にしろ，電子書籍の予算を獲得にしろ，学校図書館連携にしろ，現場担当者の力が問われているのだ。結局のところ，電子書籍に関心をもち，積極的に活動する人材が求められるのである。

1.1.4　広域・圏域電子図書館への期待

電子図書館は，島しょ部や山間部などでも，都市部と同様にサービスが受けられることから，小さな自治体にとって有効な手段といえる。すべての自治体で住民が電子図書館サービスを受けられることを理想としたら，今後は小規模の図書館や図書館のない自治体における電子書籍サービスの導入が課題である。

しかし，電子図書館の導入には，電子書籍のコンテンツ料だけでなく，電子図書館

サービス導入に係る初期費用や，その後の運営に必要なシステム使用料などのランニングコストが必要である。また，一度購入すれば，継続的に貸し出せる紙の図書と異なり，電子書籍はサブスクリプションと同様で，毎年，電子図書館開館後もコンテンツを継続的に維持するために経費が派生する。このため自治体の財政負担は大きく，財源に余裕のない自治体，特に町村においては導入を躊躇する理由となっている。

この解決策として注目されるのが，3.1「デジとしょ信州」や3.2「比企広域電子図書館」で取り上げた，複数の自治体で一つの電子図書館サービスを運営する広域・圏域電子図書館である。詳しくは両節を読んでいただくとして，小規模自治体にとって広域電子図書館が期待されていることがよくわかる。

「広域電子図書館」として初期に導入された3例は，2018年「播磨科学公園都市圏域定住自立圏電子図書館（兵庫県）」，2020年「きくち圏域電子図書館（熊本県）」，2021年「たまな圏域電子図書館（熊本県）」である（資料の図表 A-1）。もともと組織されていた市町村広域事業圏で導入した例か，市が導入した電子図書館に他の町が参画した例である。

2022年になって，「ありあけ圏域電子図書館（福岡県・熊本県）」「デジとしょ信州（長野県）」「比企広域電子図書館（埼玉県）」が続いた。3.2で解説したように，2022年9月にサービスが開始された比企広域電子図書館は，複数の自治体が集まり，新たに共同体を組織し，導入に係る体制，方法，その後の運営まで協議を進めて，電子図書館の導入に至った例である。2023年でも「ミライ on 図書館（長崎県）」「沖縄県図書館未設置離島用電子書籍サービス（沖縄県）」「しあわせ電子図書館（福岡県）」と開設が続いている。

電子図書館事業者の間でも，広域電子図書館を積極的にプロモーションしていることから，今後も増え続けると思われる。ただし，電子図書館事業者からのアプローチだけで増えるものではない。これまで広域採用で導入された例を見ると，小さな自治体が図書館に対する問題意識があって，導入に向けた活動が始まっている。今後は広域・圏域の中心的な市や県による主導があってもよいだろう。

1.1.5　公共図書館と学校図書館の連携と教育利用のあり方

公共図書館と学校図書館の連携については，1.2.2で詳述しているように，文部科学省は2022年8月に「1人1台端末環境下における学校図書館の積極的な活用及び公立図書館の電子書籍貸出サービスとの連携について」という事務連絡を発出している。このなかで「一部の自治体においては，設置する学校の児童生徒に対し，公立図書館の電子書籍貸出サービスのID を一括で発行している事例」として，大阪府東大阪市「ひがしおおさか電子図書館」と北海道帯広市「帯広市電子図書館」を紹介し，同様の取り組みの検討をすすめている。では，具体的に，公共図書館と学校図書館は

どのような連携をして取り組んでいくのだろうか。

　まず，公共図書館は，学校図書館や児童生徒の利用を考慮した場合，どのような電子書籍を購入すべきだろうか。この点については，矢板市電子図書館とは別に学校図書館専用の電子図書館を導入した，矢板市立学校電子図書館『ともなりライブラリー』の事例が参考になる。『ともなりライブラリー』の電子書籍選書には市の学校司書が携わっているという。

　さらに電子書籍ならではの長所を生かした教育利用の一例として，「集団読書」への活用をあげておこう。「集団読書」とは児童生徒が同じ作品を読む読書活動のことで，そこで利用する図書は，教科書同様，児童生徒が1冊ずつ持つ必要がある。このため教育現場では青空文庫などのパブリックドメイン作品を印刷して配布などの工夫もあるが，新しい作品を取り上げるためには全国学校図書館協議会発行の集団読書テキストなどを購入することになる。ただし，計算ドリルなどと同様に教材費で購入できる300円以下の価格帯とするために，1作品1冊とならざるを得ない。これでは多様な作品に触れる機会を狭めている事になる。

　このような状況に対して，電子図書館利用登録者であれば，何人でも利用できるアクセス制限のないの「電子書籍読み放題パック」作品が期待されることになった。自治体の公共図書館が「電子書籍読み放題パック」を契約し，児童生徒がIDを持っていれば，パックに含まれる作品を集団読書の対象とすることができる。

　今回の調査から，「読み放題パック」の導入についてたずねたところ，「導入している」137件（42.2%），「導入していない」175件（53.8%）であった（4.3.11）。今後，学校での利活用を考えると，「電子書籍読み放題パック」への期待が高まると予想される。電子図書館事業者によって作品の一層の充実が図られることを期待する。

　最後に公共図書館と学校図書館の連携における課題を取り上げておく。電子図書館を導入する自治体は原則的に市町村単位であることから，自治体内の小中学校の児童生徒が利用できることになる。これに対して高等学校は都道府県立と私立が多く，地域の公共図書館の電子図書館サービスを受けられないことになる。都道府県立図書館による高等学校との連携が望まれるところである。

1.1.6　電子図書館コンテンツの教育利用における著作権

　教師が自らのIDで電子図書館のコンテンツを借り，授業活用することについて，著作権の観点から教育現場で戸惑いがあると聞く。具体的には，教師が教室にあるパソコンや手持ちのタブレットPCで電子図書館の電子書籍を借り，それをプロジェクターや電子黒板で投影する場合である。この利用方法を可能とすることについて，LibrariE & TRC-DLに確認したところ，出版社の理解を得ているとのことである。著作権法35条では著作物の教育利用における複製を認めている。この権利制限によっ

て教室に設置されたディスプレイ等で履修者・学習者に視聴させるような「公に伝達」する行為も可能である。上記の電子書籍の授業活用は同様の行為という理解であろう。なお，電子書籍をオンライン講義に用いる場合は，電子図書館のコンテンツか，自らが購入したコンテンツかにかかわらず，「授業目的公衆送信」の補償金対象となる。

　また，児童生徒の ID 管理が一部の学校現場で問題となっていると聞く。これは電子図書館サービスだけに限ったことではない。GIGA スクール構想で，児童生徒一人一人の ID とパスワードを発行していることで，各人がしっかりと ID パスワードを管理することが求められる。これに電子図書館サービスを導入すれば，さらに ID パスワードの数が増えていく。忘れたり，間違って覚えたりすることで，授業が始まってもログインできないという事態が起こることは容易に想像できる。

　電子図書館先進国の米国では一つの公共図書館が複数の電子図書館サービスと契約することが多く，普及初期においては利用者がどの電子図書館サービスから借りたかわからなくなることが起こったという。このため 2016 年にニューヨーク公共図書館（NYPL）が，電子図書館利用の共通アプリ SimplyE（iOS，Android）の提供を開始している。同アプリを利用すれば，ニューヨーク公共図書館をはじめとする SimplyE を利用するアメリカ国内の図書館コンソーシアムの電子書籍やオーディオブックに加え，The SimplyE Collection として収集された電子書籍などのブラウジング・貸出・閲覧が容易にできるという。

　読書バリアフリーの観点から，誰もが読書できる環境を整えていくうえで，共通インタフェース，共通アプリの整備は重要である。特に公共サービスである電子図書館や学校利用では喫緊の課題といえよう。

1.1.7　電子図書館・電子書籍サービスのメリット

　電子図書館・電子書籍サービスのメリットについて，利用者のメリット（4.2.6）と図書館のメリット（4.2.7）に分けて回答を求めている。なお，アンケート項目は，編者らが決めたものであるが，自由記述により，そのほかの意見を集めている。

　「図書館に来館しなくても電子書籍が借りられる機能」（95.0％）が高い評価となっているのは当たり前と言えば当たり前であるが，「非来館機能」が注目されて大きく伸びたのはやはりコロナ禍以降である。大学図書館と比較して公共図書館での評価が高いのは「アクセシビリティ機能」で，「文字拡大機能」「文字テキストの読み上げ機能」「文字と地の色の反転機能」など，いずれも高い評価である。

　図書館のメリットとしては，「貸出・返却・予約業務の自動化」（77.5％），「汚破損・紛失の回避」（73.6％），「書架スペース問題の解消」（53.7％）より，高く評価されたのが「図書館サービスのアクセシビリティ対応」（84.3％）であった。これは背景として障害者差別解消法や読書バリアフリー法等への対応が図書館に求められていることが

ある。

　電子図書館であればパソコンやスマートフォンを使ってインターネットにアクセスするだけで貸出手続きが完了する。「貸出業務の電子化」は，貸出業務が簡素化するだけでなく，利用者の返却忘れや紛失なども防げるため，図書館と利用者の双方が恩恵を受けられる。また，貸し出しサービス以外にも，検索，閲覧，印刷（PDF 出力）などのサービスがあり，利用者はどこにいても 365 日 24 時間利用できることから，閉館時間帯の利用も可能である。

　以上のように，来館の必要がなく 24 時間貸出が行われ，読み上げなどにより障害者でも利用しやすい電子図書館は，利用者のおおいなる拡大が期待される。「現状，図書館は住民の 2 割しか利用していない」といわれているが，残り 8 割の利用率を上げるきっかけとなるだろう。

1.2 国の子どもの読書活動推進施策における電子書籍の扱い

1.2.1 新しい国の基本計画

　国の第五次「子どもの読書活動の推進に関する基本的な計画」（以下，基本計画）が2023年3月に閣議決定され，国会に報告された。この基本計画は，2001年12月に制定された「子どもの読書活動の推進に関する法律」第8条に基づくもので，同条では「子どもの読書活動の推進に関する施策の総合的かつ計画的な推進を図るため」，政府に策定を義務づけている。

　これまで，基本計画は，5年に一度のペースで，内容の見直し（変更）が行われてきた。今回の見直しにあたって，文部科学省は2022年度に「子供の読書活動推進等に関する有識者会議」を設置し，論点整理等を行った。これらをふまえて，第五次の基本計画が策定された。なお，第五次の基本計画の実施期間は，2023年度から2027年度までの5年間である。

　第五次の基本計画は，4章構成となっている。具体的には，「第1章　近年における子どもの読書活動に関する状況等」「第2章　基本的方針」「第3章　子どもの読書活動の推進体制等」「第4章　子どもの読書活動の推進方策」である。

　このうち，第2章では，「全ての子どもたちが読書活動の恩恵を受けられるよう，以下の点も考慮しながら，社会全体で子どもの読書活動を推進する必要がある」として，4つの基本的方針を示している。その方針とは，「不読率の低減」「多様な子どもたちの読書機会の確保」「デジタル社会に対応した読書環境の整備」「子どもの視点に立った読書活動の推進」の4つである。これら基本的方針のうち，「不読率の低減」はこれまでの計画でも取り組みの中心に位置づけられてきたが，ほかの3つは第五次の基本計画から位置づけられた新しい方針である。

　本節では，この第五次基本計画における電子書籍の扱いについて概観する。

1.2.2 基本計画における電子書籍の扱い

　第一次から第三次までの基本計画においては，電子書籍についての言及は皆無であった。2018年4月に閣議決定された第四次の基本計画において，初めて電子書籍への言及が登場する。ただし，注記の形で1カ所のみである。具体的には，「子供は，読書を通じて，読解力や想像力，思考力，表現力等を養うとともに，多くの知識を得

たり，多様な文化を理解したりすることができるようになる。また，文学作品に加え，自然科学・社会科学関係の書籍や新聞，図鑑等の資料[8]を読み深めることを通じて，自ら学ぶ楽しさや知る喜びを体得し，更なる探究心や真理を求める態度が培われる」という文中の注8において「電子書籍等の情報通信技術を活用した読書も含む」とされたのである。

　第四次の基本計画が策定される前の状況をふりかえってみると，学校にあっては，2016年7月に文部科学省が「教育の情報化加速化プラン〜ICTを活用した「次世代の学校・地域」の創生〜」を定め，初めて児童生徒1人1台端末の整備の方向性が示された。具体的には，「教員自身が授業内容や子供の姿に応じて自在にICTを活用しながら授業設計を行えるよう，児童生徒一人一台の教育用コンピュータ環境の実現を目指し，段階的な整備を行う」と記述されている。ただし，第四次の基本計画が策定されたのと同じ2018年に公表された文部科学省の「平成30年度学校における教育の情報化の実態等に関する調査」の結果を見ると，学校における教育用コンピュータの整備は児童生徒5.4人に1台であり，1人1台端末にはまだほど遠い状況であった。学校における電子書籍の導入もまだ先駆的なケースが私立学校でいくつか見られる程度であった。一般社団法人電子出版制作・流通協議会（以下，電流協）と筆者らが，今後の学校における電子書籍の導入と活用の促進に向けたモデルを提示するべく，実証的研究「学校図書館における電子書籍の利用モデルの構築」に取り組んだのは2016年度以降のことであった。公立図書館においても，電子書籍サービスの導入はまだ少数にとどまっており，電流協の2017年の調査結果によると，公立図書館における電子書籍サービスの導入率は6.7%だった。

　第四次の基本計画策定後，ICTや電子書籍をめぐって大きな動きが相次ぐことになる。なかでも，2019年末に文部科学省が「GIGAスクール構想」を打ち出したことは特筆すべき動きである。この「GIGAスクール構想」と，2020年初頭からの新型コロナウイルス感染症の感染拡大に伴うオンライン授業等への対応の必要性とが相まって，学校における1人1台端末の整備が急速に進んだ。なお，「GIGAスクール構想」は，1人1台端末の整備に加えて，その端末で利活用できるコンテンツの充実，確かな利活用に向けた指導体制の強化の3つを柱としている。そして，コンテンツの一つとして，電子書籍が注目されることとなった。

　電子書籍は，各学校において整備を図るとともに，公立図書館が導入する電子書籍サービスとの連携を進める動きもみられるようになった。文部科学省は2022年8月に総合教育政策局地域学習推進課長と初等中等教育局学校デジタル化プロジェクトリーダーの連名で「1人1台端末環境下における学校図書館の積極的な活用及び公立図書館の電子書籍貸出サービスとの連携について」という事務連絡を発出している。このなかで，「一部の自治体においては，設置する学校の児童生徒に対し，公立図書館の電子書籍貸出サービスのIDを一括で発行している事例が見られます。このよう

な取組は，各学校における学習活動のほか，長期休業期間中の児童生徒や，感染症や災害の発生等の非常時にやむを得ず学校に登校できない児童生徒の自宅等での学習においても効果的であると考えています。ついては，学校設置者と図書館担当部局が連携し，こうした取組の実施を積極的に検討いただくようお願いします」としている。

こうした近年の動向を反映して，第五次の基本計画では，電子書籍への言及が大幅に増加した。注記も含めて，電子書籍は 32 回，同じく，電子図書館は 5 回登場する。なかでも，基本的方針の一つに「デジタル社会に対応した読書環境の整備」が位置づけられたことは注目に値する。この方針の説明として，「言語能力や情報活用能力を育むとともに，多様な子どもたちの読書機会の確保，非常時における図書等への継続的なアクセスを可能とするために，子どもたちの健康や発達段階等に配慮しつつ，電子書籍等の利用，学校図書館や図書館の DX（デジタルトランスフォーメーション）を進める必要がある。既に，学校向け電子図書館を開設し，小学生の電子書籍を含む図書の貸出数が急増した地方公共団体もある。新型コロナウイルス感染拡大の中，オンラインの読み聞かせ等を通じて，継続的な支援が行われた。こうした点も含め，より一層のデジタル化を推進することは重要である」と述べられている。

では，「デジタル社会に対応した読書環境の整備」に向けて，公立図書館，学校図書館のそれぞれにおいてどのような取り組みが想定されているのだろうか。

公立図書館の取り組みについては，「約 1 割の地方公共団体が公立図書館で電子書籍の貸出しを行っており，約 3 割の地方公共団体が公立図書館で電子書籍の貸出しを予定又は検討していると回答した。感染症の発生等による閉館中においても，子どもの本へのアクセスを可能とするよう，多くの図書館で導入されることが望まれる。また，子どもが端末等で利用できるデジタルアーカイブの充実が期待される。例えば，学校向けの副読本のデジタル化や，地元に伝わる昔話を地元の人が語る音源等の地域に根ざしたコンテンツの作成を行っている図書館がある」とする。また，「電子書籍，データベース等のデジタル資料の導入に当たって，関連知識が不足していることが課題として指摘されている。こうした状況は日々急速に進展していることから，国は，図書館のデジタル化に関する状況等について，実態把握を随時行い，先進事例の共有等を通じ，最適なサービスが得られるよう取組を支援する」と述べられている。

学校図書館に関しては，「令和 2 年 12 月の調査では 2％の地方公共団体が公立学校に電子書籍を導入していると回答した。また，約 1 割の地方公共団体は公立学校に電子書籍を導入予定・検討していると回答し，導入の課題として，66.9％が予算不足，31.7％が電子書籍に関する知識の不足と回答した。学校の児童生徒に対し，公立図書館の電子書籍貸出しサービスの ID を一括で発行し，児童生徒に配布した端末のホーム画面に設置したアイコンから簡単にアクセスできるようにし，同時に利用する人数に制限のない「読み放題」の本を提供することで，電子書籍の活用の幅を広げた事例がある。こうした学校図書館等の DX に当たっては，子どもたちの健康等に配慮しつ

つ，教師，情報通信技術支援員（ICT 支援員）等の ICT 等の専門家を含む様々な人材等と連携し，計画的に促進することが重要である」とする。また，「電子書籍，データベース等のデジタル資料の導入に当たって，関連知識が不足していることが課題として指摘されている。こうした状況は日々急速に進展していることから，国は，学校図書館のデジタル化に関する状況等について，実態把握を随時行い，先進事例の共有等を通じ，最適なサービスが得られるよう取組を支援する」としている。

第五次の基本計画の基本的方針の「多様な子どもたちの読書機会の確保」においても，「読書活動の推進に当たっても，全ての子どもたちの可能性を引き出すために，個別最適な学びと協働的な学びの一体的充実に資する読書環境を整備し，読書機会の確保に努めることが求められる。そのためには，読書バリアフリー法を踏まえ，視覚障害者等が利用しやすい書籍（以下「アクセシブルな書籍」という。）及び視覚障害者等が利用しやすい電子書籍等（以下「アクセシブルな電子書籍等」という。）の充実，日本語能力に応じた支援を必要とする子どもたちのための多言語対応等を含む，学校図書館，図書館等の読書環境の整備が不可欠である」と，電子書籍についての言及が見られる。「日本人学校等の在外教育施設においても，豊かな読書活動を体験できるよう，電子書籍等を含む図書の整備や取組事例の紹介等を通じて，読書活動が推進されることが重要である」と述べられている点も注目される。

1.2.3　公立図書館，学校図書館の DX の推進に向けて

第五次の基本計画のなかでは，公立図書館，学校図書館における電子書籍の導入状況等について，2020 年度（令和 2 年度）の文部科学省の「子供の読書活動の推進等に関する調査研究」の調査結果のデータが引用されている。この調査研究の後継調査に相当する「電子図書館・電子書籍と子供の読書活動推進に関する実態調査」が2022 年度に「子供の読書活動の推進等に関する調査研究」の一環として文部科学省によって実施され，その結果が第五次の基本計画策定後に公表された。

その結果によると，地方公共団体内の「すべて」の公立学校で電子書籍サービスを導入している割合は 3.8 % だった。導入割合としてはまだわずかであるものの，2020 年度は 0.5 % だったので，この 2 年で約 7.5 倍の増加となっている。また，「一部」の公立学校で電子書籍サービスを導入している割合は 4.7 % で，2020 年度の 1.5 % から約 3 倍の増加である。公立学校における電子書籍導入の課題については，2020 年度の調査と同様に，「電子書籍導入の予算が不足している」を挙げる地方公共団体が最も多く，その割合は 55.9 % だった（公立図書館における課題も予算不足が最多だった）。

図書館の DX を進めるためには，予算不足が最大の課題となっている。学校図書館に関しては，現在，「学校図書館図書整備等 5 か年計画」として学校図書館の紙の書籍と新聞を整備するための地方財政措置がなされている。しかし，電子書籍の整備に

対する地方財政措置はなされていない。第五次の基本計画を画餅化させないためにも，課題解決への対策が急がれる。

参考文献

長谷川智信. 公共図書館における電子図書館・電子書籍貸出サービス調査の結果と考察. 植村八潮, 野口武悟, 電子出版制作・流通協議会編著. 電子図書館・電子書籍貸出サービス調査報告 2017. 印刷学会出版部, 2017, p.1-26.

野口武悟. 学校における「教育の情報化」と電子書籍サービスの展開：これまでの 10 年をふりかえり, これからの 10 年を考える. 電子出版制作・流通協議会監修, 植村八潮, 野口武悟, 長谷川智信編著. 電子図書館・電子書籍サービス調査報告 2022：これまでの 10 年とこれからの 10 年. 樹村房, 2022, p.114-126.

文部科学省. 令和 4 年度「子供の読書活動の推進等に関する調査研究（電子図書館・電子書籍と子供の読書活動推進に関する実態調査）」調査報告書. 2023. https://www.mext.go.jp/content/20230607-mxt_chisui02-000008064_2.pdf, （参照 2023-09-18）.

1.3　図書館公衆送信サービスに関する法改正と制度構築

1.3.1　図書館利用者個人への資料送信サービスと補償金制度

（1）概況

　2021（令和 3）年の通常国会において，図書館から利用者個人への著作物公衆送信を可能にする著作権法改正が成立した。これによって，図書館が従来行ってきた複写による利用者への資料提供サービスに加え，利用者が公衆送信を介して図書館からの資料提供を受けることが可能になった。

　このようなサービスを実現させることとした背景としては，2020 年初頭からの新型コロナウイルス感染症の蔓延により，図書館が一時休館したり，図書館に出向くことが困難になったりして資料の入手に支障をきたすことが想定されたのが要因のひとつとなっていたことは否めない。

　しかし，現実に新たな公衆送信サービスが開始されるようになったのは，感染症がピークを過ぎた 2023 年以降であり，同サービスを実施する，いわゆる「特定図書館」について，国立国会図書館は，2024 年度からの運用開始を前提として準備を進めているものの，それ以外の図書で正式に制度運用の開始を表明している図書館は，本稿執筆時点ではまだ存在していない。

　本制度では，公衆送信によって直接資料が送付される利用者の利便性が高まる一方で，書籍や定期刊行物の購入に代えて同サービスを利用する機会が増えることで，著作権者や出版者の利益が損なわれることが懸念され，そのような権利者の利益を補填できるに足りる水準の補償金支払いを図書館設置者に義務づけることとした。

　その補償金の収受と分配を行うため，全国で唯一の補償金管理団体を認可することができることとしており，一般社団法人図書館等公衆送信補償金管理協会（SARLIB）が，権利者・出版者を代表する 14 団体によって設立され，運用開始に向けての準備を開始した。

（2）法改正の審議

　法改正の審議は，文化審議会著作権分科会法制度小委員会に 2020 年度に設置された，図書館関係の権利制限規定の在り方に関するワーキングチーム（座長＝上野達弘早稲田大学法学学術院教授）によって行われた。同 WT の会合は 2020 年 8 月から 11 月にかけて計 5 回行われ，「図書館関係の権利制限規定の見直し（デジタル・ネットワー

ク対応）に関する報告書」（2020年11月13日）をとりまとめ著作権分科会に提出した。著作権分科会では，2021年2月3日の第60回会合において同報告書を了承した。

（3）図書館等公衆送信補償金管理協会（SARLIB）の設立

　一般社団法人図書館等公衆送信補償金管理協会（SARLIB）は，合計14の権利者団体及び出版者団体によって，2022年9月に設立された。

　設立に参加した団体は以下のとおりである。新聞著作権管理協会，学術著作権協会，日本音楽著作権協会，日本文藝家協会，日本漫画家協会，日本美術著作権連合，日本写真著作権協会，日本書籍出版協会，日本雑誌協会，自然科学書協会，出版梓会，デジタル出版者連盟，日本医書出版協会，日本楽譜出版協会。

　設立に先立ち，準備委員会が2021年9月から活動を開始し，ガイドライン，補償金，団体設立の各ワーキンググループでの検討を進めた。

　設立時の役員としては，理事長には上野達弘氏が就任し，理事には平井彰司（日本文藝家協会事務局長），壹貫田剛史（日本写真著作権協会常務理事），村瀬拓男（弁護士，日本書籍出版協会知的財産権委員会幹事），新井宏（日本雑誌協会著作権委員会委員，文藝春秋）の4氏，監事には宇佐美和男氏（日本音楽著作権協会常務理事）が就任した。SARLIBは，2022年11月8日に改正著作権法104条の10の2第1項に基づく，図書館等公衆送信補償金を受ける権利を行使する団体として指定された。指定団体となった後，2023年3月29日には，文化庁長官によって，図書館等公衆送信補償金の額が認可された。

（4）図書館等公衆送信サービスに関する関係者協議会における検討

　2021年10月28日（木）に，構成団体28団体，オブザーバー13団体により，図書館等公衆送信サービスに関する関係者協議会（以下，「関係者協議会」という）が発足し，第1回会合を開催した。共同座長としては，日本図書館協会著作権委員会の小池信彦委員長（調布市立図書館長）と，村瀬拓男氏が就任した。同協議会には，補償金，ガイドライン，特定図書館等，事務処理スキームの4分科会が置かれ，それぞれの事項についての検討を行った。

（5）補償金規程の検討

　補償金額の文化庁長官の認可に向けて，補償金WG及び補償金分科会で検討，意見交換を行った。その後，2022年11月14日から関係21団体に向けて意見聴取を行い，その意見に対応した。文化庁使用料部会での検討を経て2023年3月29日に図書館等公衆送信補償金の額が認可された。

　補償金の額については，「図書館関係の権利制限規定の見直し（デジタル・ネットワーク対応）に関する報告書」（2020年11月13日，図書館関係の権利制限規定の在り方

に関するワーキングチーム）においては，以下のように記されている。

　　今回の送信サービスについては，（ア）私的録音録画補償金や授業目的公衆送信補償金とは異なり，図書館等において個々の送信実績を正確に把握・管理することが可能であること，（イ）図書館資料を本来的な用途での利用に供する行為であり権利者に与える影響が大きいことから，包括的な料金体系ではなく，個別の送信ごとに権利者に与える不利益を補填するという観点からは，理論的には複製や譲渡も補償金の対象に含めた方が良いが，現実的な対応としては公衆送信に限定せざるを得ない，との意見もあった。

　　その際，補償金額について，一律の料金体系とするのではなく，過度に複雑化しないよう注意しつつ，著作物の種類・性質や，送信する分量，利用者の属性等に応じたきめ細かな設定を行うことも考えられる（例：著作物の経済的価値（市場価格等）や送信する分量に応じて補償金額に差を設ける，大学図書館の場合に学生に係る補償金額を一般と比べて低廉な額とするなど）。

　　実際に補償金規程作成における基本的な考え方としては，図書館現場において利用者にとってわかりやすいものであること，図書館職員の実務ができるだけ簡便に行えること，権利者，出版者にとって，著作物の公衆送信が著作権者，出版権者の得べかりし利益の補填としてふさわしい額であること等を勘案して案が作成された。

■ SARLIB 補償金規程（抄）（2023 年 3 月 29 日文化庁長官認可）

（図書館等公衆送信により支払う補償金の額）

第 3 条　設置者が支払う補償金の額は，下表に定める図書館資料の種類に応じた補償金算定式を適用して算出した額とする。

図書館資料の種類	補償金算定式	備考
新聞	1 頁あたり 500 円 2 頁目以降 1 頁ごとに 100 円	
定期刊行物 （雑誌を含む。）	1 頁あたり 500 円 2 頁目以降 1 頁ごとに 100 円	
本体価格が明示されている図書	本体価格を総頁数で除し，公衆送信を行う頁数と係数 10 をそれぞれ乗ずる	1 冊あたりの申請に係る補償金額が 500 円を下回る場合には，500 円とする
上記以外 （本体価格不明図書・脚本／台本含む限定頒布出版物・海外出版物等）	1 頁あたり 100 円	1 冊あたりの申請に係る補償金額が 500 円を下回る場合には，500 円とする

（注）見開きで複写を行い，図書館等公衆送信を行う場合は，2 頁と数える。

（6）運用ガイドライン

　2023年6月1日の法施行に向けて，SARLIB ガイドライン委員会および関係者協議会ガイドライン分科会において検討が行われた。

　検討に当たっては，現行の複写サービスの運用に関しては影響を与えないようにしてほしい旨の要望が図書館側から示され，文化庁としても同様の意向であったため，基本的には新たに定められる公衆送信サービスにおける運用指針としてのガイドライン作成を目標とした。しかしながら，改正条文では，複写サービスに係る部分も含めて条文構成が変更されていることもあり，複写サービスも包含した形でのガイドラインの設定という形を取らざるを得ないということとなった。特に，利用される範囲に関し，著作物の一部分が原則であるところ，「著作物の全部の複製物の提供が著作権者の利益を不当に害しないと認められる特別な事情があるものとして政令で定めるものにあっては，その全部」とされている点に関しては，以下に示すガイドラインが確定するまでには，慎重な検討が行われた。

　SARLIB ガイドライン委員会は計6回，SARLIB 設立以前の設立準備委員会・ガイドライン WG は合計9回の会合を行った。また，関係者協議会ガイドライン分科会は，2022年1月以降，23年3月までに計11回の会合を開催した。あわせて，同分科会内のワーキンググループとして解像度 WG を設置し，図書館関係者・権利者（写真，美術，学術）において，ガイドラインにおける解像度の範囲についての検討を行った。

■図書館等における複製及び公衆送信ガイドライン（概要）（2023年5月25日）

第1　本ガイドラインの位置づけ

　令和3年改正法は，従前から行われていた複写サービスに関する規定にも変更が及ぶものとなっているため，本ガイドラインは複写サービスもその対象としています。もっとも，複写サービスは永年にわたり実務慣行を尊重して同サービスの実施について実質的な変更を行うものとはなっておらず，「公立図書館における複写サービスガイドライン」「図書館間協力における現物貸借で借り受けた図書の複製に関するガイドライン」及び「写り込みに関するガイドライン」の記載を包含するものとしています。

　本ガイドラインは，今後も適宜検討の場を設けて必要な見直しを行うことにしています。

第2　改正法の解釈と運用

1　制度趣旨

　複写サービス及び公衆送信サービス（以下，「複写サービス等」という）は，各施設の利用者への資料提供の一環として実施される，営利を目的としない事業となります。

　図書館等がこれらのサービスを行うことができるのは，法第31条第1項から5項で

定める，権利制限規定によるもの。

　具体的な運用ルールは，図書館等や指定管理団体において，持続的な制度運用が可能なものとする必要があります。また図書館資料の大半が出版物の形態をとっており，それらの商業的な流通が健全に維持されることが，図書館資料の一層の充実につながります。

2　「図書館資料」について

（1）定義

　　対象となる図書館資料とは，図書館等が選択，収集，整理，保存している資料をいう。

（2）図書館間協力により提供された資料の取り扱い

　　図書館間協力により提供された，他館の図書館資料の複製物を複写サービスの対象として扱うことは可能。今後，公衆送信サービスも実施可能となるよう別途要件等を整理。

（3）電子ジャーナル等の取り扱い

　　各図書館等が契約しているオンラインの電子ジャーナル，オンラインのデータベースサービス等によって提供されている著作物については，複写サービス及び公衆送信サービスの対象外。

（4）寄贈・寄託資料の取り扱い

　　「図書館資料」とみなされる寄贈資料は，複写サービス等の対象となる。一方，図書館等がその処分権限を有しない寄託資料については，寄託時に定められた条件による。

3　サービスの主体

（1）行為主体

　　複写サービス等の行為主体は，利用者からの依頼を受けた図書館等です。複写サービス等の実施にあたっては，司書またはこれに相当する職員を置き，図書館等が主体的にこれを行う必要がある。

（2）外部事業者への委託

　　複写サービス等の申込受付以降における事務処理は，法令及び本ガイドラインに準拠したサービスとして外部事業者に委託することが可能。

（3）利用者自らの行為

　　いわゆるコイン式コピー機は，司書又はこれに相当する職員が随時管理監督することができる場合にのみ許容される。

4　制度目的による限定

　　複写サービス等は，利用者の調査研究の用に供することがその目的とされており，娯楽・鑑賞の用に供する目的は認められていない。

5　対象となる著作物の範囲

　　複写及び公衆送信を行うには，公表された著作物の一部分であることが原則。

（1）「公表」の意義

　　図書館資料の大半は出版物（新聞を含む）として発行されたものであり，その掲載著作物は公表されたものとなる（法第4条第1項）。

（2）著作物の単位

著作物の単位は，以下によることとし，複写及び公衆送信の利用可能範囲は著作物1単位ごとに判断する。

・書籍に掲載されている著作物は，書籍一冊ごとに下記のジャンルごとの判断基準に従い判断する，なお，1作品が複数の書籍にまたがって掲載されている場合は，一冊の書籍に掲載されている部分をもって一つの著作物として扱う。

・新聞，雑誌に掲載されている著作物は，号ごとに判断する。同一タイトルが複数の号に分けて掲載されている場合は各号掲載分を，それぞれ一つの著作物として扱う。

・事典　1項目をもって，一つの著作物として扱う（項目の著作者が明示されている場合）。

・新聞，雑誌，事典等，素材の選択や配列に創作性が認められる編集物は，全体を一つの編集著作物として扱う。

〔著作物のジャンルごとの判断基準〕

　事典　　　　1項目（項目の著作者が明示されている場合）

　絵画・写真　1作品，1図版

　楽譜・歌詞　1作品（複数楽曲によって大きな1作品が構成されている場合は，各楽曲）

　地図　　　　1枚，1図版

　俳句　　　　1句，短歌1首

　脚本　　　　1作品（連続ドラマ等の場合は同一タイトルであっても，各話またはサブタイトルごと）

　文芸作品，論文や漫画作品　1作品（読み切り（連作を含む）作品の場合は同一タイトルであっても，各話ごと）

（3）「一部分」の意義

　複写サービス等では，各著作物の2分の1を超えない範囲とします。

6　全部利用が可能な著作物

（1）政令による指定

　著作権者の利益を不当に害しないと認められる特別な事情があるものとして政令で定める著作物については，以下（2）から（6）で示す例外として当該著作物全部の利用が許容される。

（2）国等の周知目的資料

　「国若しくは地方公共団体の機関，独立行政法人又は地方独立行政法人が一般に周知させることを目的として作成し，その著作の名義の下に公表する広報資料，調査統計資料，報告書その他これらに類する著作物」

（3）発行後相当期間を経過した定期刊行物に掲載された個々の著作物

　定期刊行物とは，定期又は一定期間を隔てて，通常年1回又は2回以上刊行する逐次刊行物であって，同一の題号のもとに終期を定めず巻次又は年月次を付して発行されるもの。

　発行後相当期間は以下のとおり。

　ア　複写サービス

通常の販売経路において，当該定期刊行物の入手が可能な期間を意味し，原則として次のように取り扱う。

・日刊，週刊，月刊，隔月刊の場合

次号が発行されるまでの期間

・3か月以上の刊行頻度の場合

当該刊行物の発行後3か月までの期間

　イ　公衆送信サービス

発行後1年間（ただし，新聞については次号が発行されるまでの期間）

なお，定期刊行物はその全体に対して原則として編集著作物性が認められるものであり，掲載されている個々の著作物は全部を利用可能であるとしても，1冊の中ではその「一部分」を利用範囲の上限とする。

（4）美術の著作物等

美術の著作物，図形の著作物，写真の著作物は，一体としての視覚的効果を有することを前提とした著作物であるため，利用対象となる著作物の一部分と一体のものとして付随して複製，公衆送信される場合には，その全部を利用することができる。

　ア　複写サービス

「複製物の写り込みに関するガイドライン」に従う。

　イ　公衆送信サービス

公衆送信のために複製される図書館資料の一頁につき，一点当たりの美術の著作物又は写真の著作物が，当該頁の3分の2以上の割合を占めて掲載されているものについては，複製時に以下の条件を満たさなければならない。

　　a　原則として解像度を200dpiとして複製すること。

　　b　200dpiを超えて複製する必要がある場合には，300dpi程度を上限として，目的外利用防止のための措置を講じた上で複製すること。

（5）分量の少ない著作物

定期刊行物を除く図書館資料に掲載されている言語の著作物で，その分量が少ないものの複製，公衆送信については，以下のとおり。

　ア　複写サービス

「複製物の写り込みに関するガイドライン」に従う。

　イ　公衆送信サービス

図書館資料の複製が行われる同一頁（見開き単位で複製が行われる場合はその見開きになっている2頁）内に，単独又は複数の著作物の全部又は2分の1を超える部分が掲載されている場合，それぞれの著作物について，その2分の1を超える部分についても公衆送信することが可能。

ただし，もっぱら分量の少ない著作物で構成されている図書館資料（句集・歌集，事典類等が典型ですが，これらに限りません。）においては，前段の扱いによる複製箇所は連続してはならない。なお，本項の規定にかかわらず，7（2）に該当する図書館資料は公衆送信サービスの対象外。

（6）漫画の著作物

定期刊行物を除く図書館資料に掲載されている漫画の著作物のうち，分量の少ない著作物については，上記（5）に準じる。

7　利用対象外となる図書館資料（法第31条第2項ただし書き）

（1）法の規定

　　法31条第2項但書で規定するとおり，著作物の種類，用途，送信の態様に照らし，「著作権者の利益を不当に害することとなる場合」には複写サービス等は認められない。

（2）対象外となる資料

　　本ガイドラインでは，公衆送信サービスの対象外とする資料を以下のとおり。

　　・法第31条第2項但書に該当するものとして，SARLIBから各特定図書館等に対し除外資料として指定されたもの

　　・楽譜の出版物，地図の出版物，写真集，画集（各特定図書館等での分類基準等による）

　　・その他，発行後相当期間経過前の定期刊行物及び各特定図書館等において公衆送信を行うことが不適当と認めたもの

8　送信データの不正拡散の防止（法第31条第2項第2号）

（1）特定図書館等は，公衆送信サービスの利用について利用者の個人情報を登録する際，または利用の申込みを受け付ける際，利用者に対して，不正拡散の防止等について定めた利用規約への同意を求める。

（2）送信する電子ファイルに対して講じる措置

　　①全頁ヘッダー部分に利用者ID（貸出カードの番号等）を挿入する。

　　②全頁フッター部分にデータ作成館名，データ作成日を挿入する。

　　ただし，今後の技術的進展等の環境変化に応じて，追加措置の導入を検討する。

9　特定図書館等の要件（法第31条第3項）

（1）責任者（第1号）

　　責任者は，図書館等の館長または公衆送信に関する業務の適正な実施に責任を持つ職員のうちから館長が指名する者とします。

（2）研修項目，実施方法等（第2号）

　　ア　研修項目

　　著作権法，本ガイドライン及び補償金制度に関する内容

　　イ　実施方法

　　各特定図書館等の責任者を中心に，各特定図書館等の責任において，公衆送信サービスに係る実質的な判断に携わる職員（事務処理を委託している外部事業者を含む）に対して，定期的に研修を実施。

（3）利用者情報の適切な管理（第3号）

　　特定図書館等は，公衆送信サービスに係る内部規定を定める。

　　なお，以下は最低限定めるべき事項とする。

　　①個人情報の取得方法について（本人確認の方法）

　　②取得する個人情報の内容（氏名，住所，電話，またはEメールアドレス）

　　③取得した個人情報の管理（セキュリティ）

④取得した個人情報の更新（利用者に更新を求める・更新の手段を提供している
　　　等）

（4）データの目的外利用を防止し，又は抑止するための措置の内容（第4号）
　　特定図書館等は，セキュリティ管理等を適切に行うため，公衆送信サービスに係る
　内部規定を定める。以下は最低限定めるべき事項。
　　　①電子データの作成に係ること
　　　②電子データの送信に係ること（誤送信の防止に向けた対策等）
　　　③電子データの破棄に係ること（保存期間等）

10　受信者（利用者）における複製（法第31条第5項）
　　公衆送信サービスにおいては，利用者が受信データをハードディスク等に保存したり
　プリントアウトしたりすることが想定されるが，それらの利用者による複製行為を一定
　の範囲内で許容する。
　　また，法第30条以下の権利制限の範囲を超えて複製等の利用をすることはできない。

11　著作権保護期間に関する補償金の要否判断について
　　図書館資料に掲載されている著作物の保護期間判断が必ずしも容易ではないこと，
　各特定図書館窓口における送信可否判断を迅速かつ円滑に行う必要があることを踏ま
　え，公衆送信サービスにおける補償金支払い要否の判断は，以下のとおりとする。

1967年以前　送信対象となる図書館資料内の主たる著作者の没年を調査し，没年が
　　　　　　1967年以前または1968年以降の生存が確認できない場合であれば補償金
　　　　　　の支払いを不要とする。没年が1968年以降の場合は，没後70年（没日
　　　　　　が属する年の翌年から起算して70年を経過するまで）を経過するまで補
　　　　　　償金負担が生じるものとする。

1968年以降　発行後70年が経過するまで，一律補償金負担が生じるものとする。発行
　　　　　　後70年を経過した場合であっても，主たる著作者の没日が発行日以降で
　　　　　　あれば，当該著作者の保護期間満了まで補償金負担が生じるものとする。

　　なお，上記判断基準にかかわらず，掲載されている著作物のすべてが保護期間を経
　過していること，又は著作物性がないと各特定図書館等が判断した場合は，補償金の支
　払いは不要。
　　また，原則として，補償金の要否にかかわらず，SARLIB に対する利用報告は行う
　こととするが，古典籍等，明らかに著作権保護期間が満了している著作物については，
　報告対象外とすることも可能。

（7）事務処理スキーム

　　関係者協議会の事務処理スキーム分科会を中心に，特定図書館における公衆送信
　サービスの受け付けから，補償金の支払い，利用報告の提出に至るまでの，一連の事
　務処理スキームの留意点につき検討を行い，2023年5月25日の関係者協議会全体会
　において，以下の合意事項を確認した。
　　今後は，この合意事項に基づき，SARLIB 側では補償金の収受，利用報告の受領等
　に必要なシステムの構築に着手する。また図書館側では，特定図書館に登録する図書

館は，本合意事項に基づき，各館における具体的な事務処理手順の策定にあたることになると思われる。

■**事務処理等スキーム分科会合意事項（抄）（令和 5 年 5 月 18 日）**

1．スキーム検討の前提

（1）サービス実施主体の要件

　　著作権法第 31 条第 3 項に規定する特定図書館等の要件を満たしている図書館等

（2）補償金の負担と徴収方式

　　原則として，補償金は利用者の負担とし，必要に応じて事務手数料等を加えた対価を徴収する。

2．申込受付

（1）申込者の要件確認

　　ID ／パスワードによる認証，登録された利用者情報により申込者の本人確認を行う

（2）申込方法

　　電子メール，インターネット等が想定されるが，来館での申込みも排除されない。

3．送信可否判断

　　申込対象資料が著作権法第 31 条第 2 項ただし書（送信対象外資料）に該当するか否か等を，31 条ガイドライン第 2 の 7(2) に基づき確認する。該当する場合は送信対象とせず，申込みを謝絶する。

4．補償金要否判断

（1）補償金要否判断

　　31 条ガイドラインに基づき，申込対象資料が補償金の対象となる資料かどうかを確認。

（2）確認方法

　　著者の没年等の確認は，各種レファレンスブック及びインターネットによる簡易な調査による。

5．複製箇所特定

（1）複製箇所特定

　　申込内容に基づき，申込対象資料のうち具体的な複製箇所を特定。

（2）複製・送信範囲確認

　　31 条ガイドラインに基づき，複製箇所の範囲が，公衆送信において認められる一部分の範囲であることを確認。ただし，著作権法第 31 条第 2 項に基づき，著作物全部の公衆送信が可能な場合がある。

6．複製

（1）複製

　　申込対象資料の複製（撮影・スキャン等）を実施し，送信用ファイルを作成する。冊子体の場合は，原則としてページ又は見開き単位で複製する。新聞紙面等，一定の

サイズを超える場合はサイズ単位で部分指定しての複製も可能とする。なお，提供用画像の解像度は，200-300dpi 程度を目安とする。

(2) 不正拡散防止措置の実施

「複製」から「データ送信」までの間に，31 条ガイドラインで定める措置を行う。また，美術の著作物又は写真の著作物については，追加の不正拡散防止措置が必要となる場合がある。

(3) 送信実績の記録

送信実績として，次の項目を記録する。◎は必須，○は可能な限り。書誌情報のうち以下の項目

ISBN/ISSN（資料に記載があれば◎），著作物又は資料のタイトル（◎），責任表示（著者・編者）（○），出版者（○），出版年（○），巻号情報

※原則として著作物単位での記載とするが，困難な場合は資料単位で可とする。

申込情報のうち以下の項目（申込時に申込者が記載した内容でもよい）

ページ（又は複製箇所が特定できる論文名等の情報）（◎。申込情報に記載があった場合は可能な限り両方とも）

7. 補償金額算定

図書館等公衆送信補償金規程の定めに従って補償金額を算定する。

8. 申込者への料金提示

申込者に対し，サービス対価の総額（補償金額（消費税等相当額を含む。））に加え，必要に応じて事務手数料等を電子メールやインターネットを用いたシステム等で提示し，支払を依頼する。

9. 申込者による入金

申込者は，サービスの対価の提示を受けた後，各館の指定する方法で対価を支払う。

10. 特定図書館等による入金確認

特定図書館等は，各館の事情に応じた方法で，申込者からの入金を確認する。一定期間入金が確認できない申込みについては謝絶し，当該申込者からの問合せ対応のために最低限必要な保存期間経過後に送信用ファイルを廃棄する。

11. データ送信

特定図書館等は，不正拡散防止措置を施した送信用ファイルを申込者に電子メール，インターネットを通じたファイル転送システム等により送信する。

12. 指定管理団体への送信実績の報告，補償金の支払い

(1) 送信実績報告

特定図書館等は，指定管理団体に対し，6(3) の項目及び補償金情報（図書館資料の種類，補償金の対象となるページ数，補償金額）を記載した送信実績一覧及び申込者に提供したファイルをセキュリティに配慮した方法で送付して，送信実績の報告を行う。

(2) 補償金支払い

指定管理団体からの請求等に基づき，徴収済の補償金額を，指定管理団体が提示する方法で支払う。

(3) 頻度

送信実績の報告及び補償金の支払いは，一月に一回程度とする。ただし，ファイルの送付はこの限りではない。

13. 送信用ファイルの廃棄

特定図書館等及び指定管理団体は，事務処理上最低限必要な保存期間経過後に送信用ファイルを廃棄する。

14. 補償金の返還・追徴処理

指定管理団体の指摘等を受け，指定管理団体と特定図書館等との協議のうえ，指定管理団体及び特定図書館等間，特定図書館等及び利用者間において返還・追徴処理を行うことも可能とする。返還・追徴が発生するのは，例えば次のような場合が想定される。

・孤児著作物，著者の没年不明等，判断がつかない場合に，一律の補償金を徴収したが，保護期間満了であったことが後に判明した場合（返還）

・保護期間満了として補償金を徴収しなかったが，後に保護期間内であることが判明した場合（追徴）

・送信可否ないし補償金要否判断，あるいは補償金額算定で誤りがあった場合（返還・追徴）

（8）特定図書館

同制度の対象となる特定図書館となるための要件等について関係者協議会内にて特定図書館分科会を設置し，検討を行い「特定図書館等及び利用者に求められる要件等について」をとりまとめた。これは，2023 年 5 月 23 日の関係者協議会全体会において了承された。この内容については，上述の「図書館等における複製及び公衆送信ガイドライン」の「8　送信データの不正拡散の防止」および「9　特定図書館等の要件」に組み込まれている。

（9）今後の課題

図書館等公衆送信補償金制度は，2023 年 6 月 1 日の改正著作権法の施行によって運用可能な状態となった。ただし，特定図書館の登録が直ちに行われているわけではなく，また，SARLIB としても今後整備すべき規程や構築すべきシステム等の課題が残されている。

①補償金分配のしくみについて

SARLIB が収受した補償金の分配に関する詳細な手順は未検討の状況である。これは，改正法の成立から施行までが 2 年間という限られた期間であり，その間に，上記で述べたさまざまな規程や図書館側と権利者側での合意形成を行う必要があり，また，実際に補償金の収受が法施行直後から開始される見通しでもなかったことがあり，分配手続きの詳細の検討より上記のさまざまな検討が優先されたためである。

しかし，補償金の分配が適切に行われることは，当該制度の運用における根幹をなす重要な問題であり，権利者，出版者に対する適正な対価還元がなされる必要がある。その一方で，本制度による補償金総額がどのくらいになるかが依然として明らかでな

い現状で，分配コストはできるだけ小さくすることが求められる。その前提に立ったうえでの分配方法の検討が今後，SARLIB内に設けられる分配委員会を中心に行われることとなる。

② SARLIB の運営について

SARLIB の運営費用は基本的には収受した補償金の一定割合を控除した手数料によって行われる。当然のことながら独立した団体の運営のためには事務所，職員，システムの維持費用等，一定の費用が必要となる。しかしながら，2023 年 6 月の制度運用開始時においては，特定図書館となってこのサービスを行うことを非公式ながらも表明しているのは，2024 年春の運用開始をめざしている国立国会図書館のみである。2022 年に文部科学省が行ったアンケート調査では，都道府県立図書館および大学図書館の一定数が，本サービスの開始について検討を行うと回答しているものの，実際にその中のどのくらいの図書館が運用を開始し補償金の支払いを行うことになるかは判然としていない。

このような状況において，SARLIB が今後とも安定して活動を行っていけるかどうか，仮に組織運営に必要な手数料を賄うのに足りる補償金が収受できなかった場合にその不足分をどのようにして補填するのかについては明確な計画が立てられない状況である。当面は，SARLIB 構成団体の年会費で賄うしかないが，それ以上の赤字が出た場合，各団体がそれを負担することが可能か，あるいはそのように権利者団体の負担のもとにこの組織を維持すべきなのかという問題は今後の非常に大きな課題であると言える。

③適切な運用と規程類の見直しについて

現在の補償金規程およびガイドライン等の諸規定類は，2023 年 6 月の法施行に間に合わせるためにその合意を急いだ面もあり，また，実際の運用を予定している図書館が現状では明確でないところでの検討ということもあり，実際に運用が開始された場合においては，見直すべき点が生じてくることは十分に考えられる。関係者協議会では，これまで実質的な検討を担当してきた，補償金，ガイドライン，特定図書館，事務処理スキームの各分科会をすべて存続させ，必要に応じて現実の運用実態に照らして適切な見直しを行っていくこととしている。

1.3.2　国立国会図書館による個人送信サービス

（1）制度の概要

国立国会図書館による利用者個人への著作物送信サービスは，著作権法第 31 条第 8 項の規定を適用して行われている。本サービスは，市場で入手困難な「絶版等資料」に限り，利用者からの依頼に基づき，送信されるものであり，出版物 1 冊全部の送信も可能である。また，市場では入手できないものに限定しているため，権利者，出版

者がこれによって不利益を生じることも少ないとの理由で，補償金等は支払われない。具体的な運用の条件に関しては，著作権者・出版者団体などの関係機関や有識者で構成される「国立国会図書館による入手困難資料の個人送信に関する関係者協議会」で取りまとめた「国立国会図書館のデジタル化資料の個人送信に関する合意文書」に基づく。

（2）運用状況

国立国会図書館は，「国立国会図書館のデジタル化資料の個人送信に関する合意文書」（2021 年 12 月 3 日）に基づき，「個人向けデジタル化資料送信サービス」（略称：個人送信）を 2022 年 5 月 19 日から開始した。

国立国会図書館デジタルコレクションで提供している資料のうち，絶版等の理由で入手困難なもの（著作権者等の申出を受けて，3 カ月以内に入手困難な状態が解消する蓋然性が高いと同館が認めたものを除く）が対象となる。具体的には，以前から図書館向けデジタル化資料送信サービスで送信対象とされている資料の範囲内のものとなる。

どのような資料が送信されているかについては，同館ウェブサイトの「個人向けデジタル化資料送信サービス利用統計」（https://dl.ndl.go.jp/ja/soshin_individuals_stats）で見ることができる。

サービス開始当初は閲覧（ストリーミング）のみで提供していたが，2023 年 1 月 18 日から，送信先の利用者がプリントアウトを行うことも可能になった。

図表 1-1　国立国会図書館の個人向けデジタル化資料送信サービス

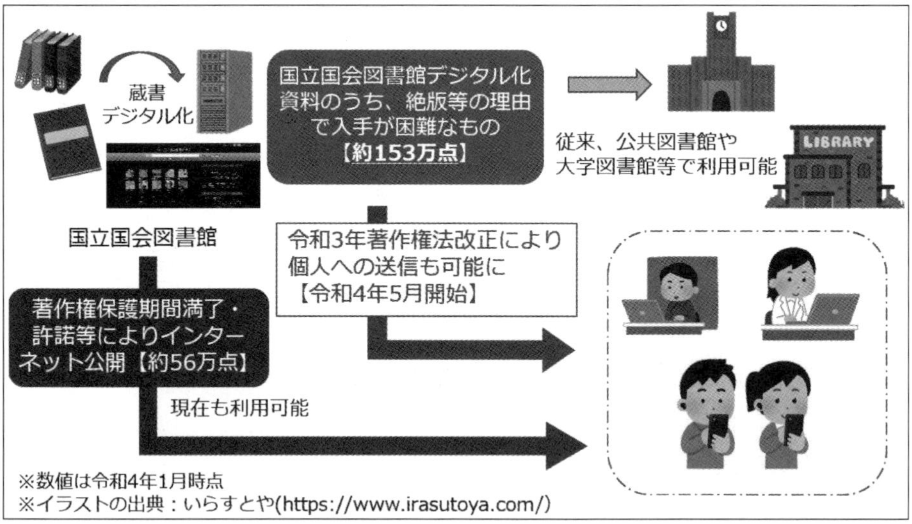

出典：国立国会図書館ウェブサイト[1]

1　https://www.ndl.go.jp/jp/news/fy2021/220201_01.html，（参照 2023-12-08）.

2章

電子図書館のアクセシビリティ

2.1　電子書籍のアクセシビリティをめぐる近年の検討動向

2.1.1　はじめに

　周知のように，2019 年 6 月に「視覚障害者等の読書環境の整備の推進に関する法律」（以下，「読書バリアフリー法」）が制定された。「読書バリアフリー法」制定に伴い，同年には国の「視覚障害者等の読書環境の整備の推進に係る関係者協議会」（以下，関係者協議会）が常設の会議体として設置された。

　関係者協議会は，「読書バリアフリー法」第 18 条に基づき，「視覚障害者等の読書環境の整備の推進に関する施策の効果的な推進を図るため，文部科学省，厚生労働省，経済産業省，総務省その他の関係行政機関の職員，国立国会図書館，公立図書館等，点字図書館，第十条第一号のネットワークを運営する者，特定書籍又は特定電子書籍等の製作を行う者，出版者，視覚障害者等その他の関係者」によって構成されている。現在までに，関係者協議会を構成する各々の機関において，電子書籍のアクセシビリティに関する検討や調査研究等が行われている。

　これらの検討や調査研究等の成果は，今後の国の政策に直結するものであり，その動向が注目される。そこで，本節では，主だった検討や調査研究等の内容について，それらに取り組む機関別に概観することにする。

2.1.2　国立国会図書館

　2020 年 7 月に国の「視覚障害者等の読書環境の整備の推進に関する基本的な計画」（以下，「読書バリアフリー基本計画」）が策定・公表されたことを受けて，国立国会図書館では電子書籍サービス（以下，電子図書館）のアクセシビリティの検討を進めている。国立国会図書館では，2021 年に「図書館におけるアクセシブルな電子書籍サービスに関する検討会」を設置した。国の「読書バリアフリー基本計画」では，「音声読み上げ機能（TTS）等に対応したアクセシブルな電子書籍等を提供する民間電子書籍サービスについて，関係団体の協力を得つつ図書館における適切な基準の整理等を行い，図書館への導入を支援する」としており，この点について「図書館におけるアクセシブルな電子書籍サービスに関する検討会」で検討を進めることとなった。

　2021 年度の検討会では，「障害者の情報行動アンケート」「海外事例調査」「電子図書館ベンダーや各種図書館等からのヒアリング」が実施された。また，これらの調査

等の結果をふまえて，翌2022年度の検討会では，「電子図書館のアクセシビリティ対応ガイドライン」についての検討が進められた。そして，2023年7月に「電子図書館のアクセシビリティ対応ガイドライン1.0」（https://www.ndl.go.jp/jp/support/guideline.html）が公表された。今後は，各図書館等においてガイドラインを活用していくことが望まれる。

　なお，国立国会図書館の取り組みについては，本章4節に詳しいので，あわせてお読みいただきたい。

2.1.3　総務省

　国立国会図書館が電子図書館のアクセシビリティについての検討を進めているのに対して，総務省では電子書店（ストア）のアクセシビリティを検討している。

　「読書バリアフリー基本計画」では，「アクセシブルな電子書籍等の販売が促進されるようにため，昨今の新たな技術（特にICT）の動向と視覚障害者等の多様なニーズを分析し，視覚障害者等の読書環境の整備に向けた取組を検討する」こととされた。そのため，総務省では，2020年度に「アクセシブルな電子書籍等の普及に向けた調査研究」を実施した。同調査研究では，視覚障害者等の読書の実態と課題をふまえて，電子書籍に関する技術的な課題の解決に求められる方向性を整理した。

　同調査研究の成果をもとに，翌2021年度には，電子書籍を販売する電子書店（ストア）等のアクセシビリティを向上するための調査等を行った。その結果，「電子書店のガイドライン作成の重要性」が指摘された。なお，電子書店（ストア）のアクセシビリティを検討するにあたっては，ウェブアクセシビリティについての日本産業規格（JIS規格）であるJIS X 8341-3:2016「高齢者・障害者等配慮設計指針−情報通信における機器，ソフトウェア及びサービス−第3部：ウェブコンテンツ」を参考規格としている。

　2022年度には，電子書店（ストア）のアクセシビリティに関する検討を行った。この成果としてガイドブックの作成を行った電子出版制作・流通協議会が『電子書籍販売サイト　アクセシビリティ・ガイドブック』を公表している（https://aebs.or.jp/pdf/a11yguidebook_for_ebooksalessite.pdf）。

2.1.4　経済産業省

　経済産業省は，2020年度に出版関係者との検討の場として「読書バリアフリー環境に向けた電子書籍市場の拡大等に関する検討会」を設置した。初年度は，電子書籍等の製作と販売等の促進，出版者からのテキストデータ提供の促進を図るために，課題の解決に向けた方策の検討を行った。そのうえで，検討会では，読書バリアフリー

環境構築に向けた「ロードマップ」と「アクションプラン」をまとめた。「ロードマップ」は課題の解決に向けて各施策の実施目標を示したもので，「アクションプラン」は具体的な施策内容を示している。これらは，検討会の報告書である『読書バリアフリー環境に向けた電子書籍市場の拡大等に関する調査報告書』に掲載されている。また，同年度の検討会では，出版業界から，「アクセシブル・ブックス・サポートセンター」（ABSC）の設置が提案された。これは，アクセシブル対応についての問い合わせが出版各社に寄せられても事務処理が負担となるため，出版業界としての問い合わせ窓口を設けようとするものである。ABSC は，2023 年 4 月に（一社）日本出版インフラセンター（JPO）内に正式に設けられた。

　2021 年度の検討会では，前述の「ロードマップ」と「アクションプラン」に沿う形で，「総合的なデータベースの構築」に取り組まれた。具体的には，（一社）日本書籍出版協会が運営する「Books」（https://www.books.or.jp）のアクセシビリティの向上を図り，2022 年から，出版・流通している電子書籍が合成音声（TTS）による音声読み上げに対応しているかどうかを表示できるようになった。また，同年度の検討会では，視覚障害者等から要望の多い文芸書・実用書などの文字主体のリフロー型電子書籍の検討も進めた。リフロー型電子書籍であっても，本文中の外字・異体字の取り扱い，図表の取り扱い，数式などの表現の取り扱いなど，TTS による音声読み上げには課題が多いことが明らかとなった。

　これら明らかとなった課題については，現在も，検討・整理が進められている。

　なお，経済産業省は，2022 年 8 月に電子書籍フォーマットである EPUB のアクセシビリティについての日本産業規格（JIS 規格）「JIS X 23761:2022（EPUB アクセシビリティ－EPUB 出版物の適合性及び発見可能性の要求事項)」を定めた。この点も特筆に値する。この規格は，国際規格の「ISO/IEC 23761:2021」を JIS 規格化したものである。

2.1.5　おわりに

　以上，本節では，国立国会図書館，総務省，経済産業省における検討や調査研究等について述べてきた。これらのほかにも，国立情報学研究所における「読書バリアフリー資料メタデータ共有システム」の構築（本章 3 節），文部科学省による「読書バリアフリーコンソーシアム」事業の推進等，さまざまな取り組みが進められている。

　国の「読書バリアフリー基本計画」の実施期間は 5 年間である。すでに期間の半分が過ぎ，2024 年度には次期の「読書バリアフリー基本計画」の検討が関係者協議会で本格化する。本節で述べてきた各機関での検討や調査研究等の成果がそこにどう反映されるのか注視していきたい。もちろん，計画に反映されるだけでなく，出版や書店，図書館等の各々の現場に生かされることが何よりも重要である。各々の現場での

今後の取り組みに期待したい。

参考文献

植村要. 電子書籍のアクセシビリティに関する日本産業規格. カレントアウェアネス E. 2022-11-17,
　　(447). https://current.ndl.go.jp/e2554, (参照 2023-09-18).
植村八潮. 出版・図書館における「読書バリアフリー法」対応の現状と課題 (その2). 画像電子学会
　　第 51 回 VMA 研究会／第 17 回視覚・聴覚支援システム (VHIS) 研究会予稿. 2023-03, p.31-37.
落合早苗. ABSC 設立に向けて. 画像電子学会第 51 回 VMA 研究会／第 17 回視覚・聴覚支援システ
　　ム (VHIS) 研究会予稿. 2023-03, p.38-52.
経済産業省. 読書バリアフリー環境に向けた電子書籍市場の拡大等に関する調査報告書. 2021. https://
　　www.meti.go.jp/policy/mono_info_service/contents/2021dokubarireport.html, (参照 2023-09-18).
国立国会図書館図書館におけるアクセシブルな電子書籍サービスに関する検討会. 図書館における
　　アクセシブルな電子書籍サービスに関する検討会　令和3年度報告書. 国立国会図書館, 2022.
　　https://ndl.go.jp/jp/support/report2021.html, (参照 2023-09-18).
野口武悟. 読書バリアフリーの世界：大活字本と電子書籍の普及と活用. 三和書籍, 2023, p.115-123.

2.2 出版界のアクセシビリティ対応：
アクセシブル・ブックス・サポートセンターの設置

2023年3月，日本出版インフラセンター（Japan Publishing Organization For Information Infrastructure Development：以下，JPO）の理事会において，アクセシブル・ブックス・サポートセンター（Accessible Books Support Center：以下，ABSC）の設置が承認された。ABSCは「視覚障害者等の読書環境の整備の推進に関する法律」（いわゆる「読書バリアフリー法」）の成立を受け，出版業界として対応していく機関であることが期待されている。

ABSCは，2021年9月より「ABSC準備会」として設立に向けた活動をしてきた。「準備会」の呼称がとれ，2023年度からABSCは，JPOに設置されたABSC管理委員会の意思決定に基づいて運営されていくことになる。

第1回ABSC管理委員会は2023年7月に開催されたばかりで，具体的な活動を報告できるところには至っていないが，ここでは，設立経緯や設立理念，ABSC準備会での活動内容や今後の活動計画について詳述する。

2.2.1 ABSCの設立背景

（1）読書バリアフリー法の成立

読書バリアフリー法に至る世界的な条約とそれに対応する日本の動きは，以下のとおりである。

2006年12月	国際連合（United Nations：以下，国連）にて「障害者の権利に関する条約」を採択
2007年9月	日本が「障害者の権利に関する条約」に署名
2008年5月	「障害者の権利に関する条約」発効
2011年8月	「障害者基本法」改正
2013年6月	「障害を理由とする差別の解消の推進に関する法律」（いわゆる「障害者差別解消法」）制定
2013年6月	世界知的所有機関（World Intellectual Property Organization：以下，WIPO）にて「盲人，視覚障害者その他の印刷物の判読に障害のある者が発行された著作物を利用する機会を促進するためのマラケシュ条約（以下，マラケシュ条約）」採択

2016 年 9 月	「マラケシュ条約」発効
2018 年 4 月	日本の国会にて「マラケシュ条約」承認
2018 年 10 月	「マラケシュ条約」の加入書を WIPO 事務局長に寄託
2019 年 1 月	日本で「マラケシュ条約」発効
2019 年 6 月	「読書バリアフリー法」施行

　読書バリアフリー法は，さまざまな障害者に対する配慮を促進する法律の中でも「読書」に特化した法律で，出版業界においてその対応が求められているのは明らかである。基本計画書からは，「アクセシブルな電子書籍等」に対する量的拡充，質の向上が期待されていることが読み取れる。ここでは「アクセシブルな電子書籍等」として，音声読み上げ対応の電子書籍，DAISY 図書，オーディオブック，テキストデータ等が具体例として挙げられている[1]。読書バリアフリー法は「借りる」と「購入する」との両輪で推進され，とりわけ電子書籍は，音声読み上げにくわえて文字の拡大も可能であり，より多くの期待が寄せられている。

（2）読書バリアフリー法成立時の電子書籍市場の状況

　スマートフォン登場以降の電子書籍は，EPUB と PDF という標準化された形式で制作されている。EPUB にはさらにリフロー型とフィックス型とがある。前者は文字のサイズを変更することができ，レイアウトが閲覧環境に合わせて自動的に調整されるもので，小説をはじめとするテキスト中心の電子書籍はこの方式が多く採用されている。フィックス型は Fixed Layout とも言われるページを画像化する方式で，ページレイアウトが崩れることはない。リフローかフィックスかで言えば，PDF もフィックスである。マンガや雑誌，図表の多用される専門書などはフィックス型 EPUB か PDF かであることが多い。

　読書バリアフリー法の基本計画書において，電子書籍に期待されている「文字の拡大」は，ファイル形式のいかんにかかわらず対応可能である。フィックス型 EPUBや PDF は文字や画像を拡大すると画面にページ全体が収まらなくなるものの，ロービジョンの利用者への可能性は開けることになる。だが，ファイルの中身は画像であるため，音声を読み上げる Text to Speech（以下，TTS）には対応できないという，読書バリアフリー法的には，あまり歓迎されないファイル形式ということになる。

　読書バリアフリー法が公布・施行されたのは 2019 年 6 月であり，直近 2018 年度電子書籍市場規模は，インプレスによれば 2,826 億円[2]。まもなく 3,000 億円を突破しよ

1　文部科学省，厚生労働省. 視覚障害者等の読書環境の整備の推進に関する基本的な計画. 2020, p.5.
2　インプレス. 2018 年度の市場規模は 2826 億円，海賊版サイト閉鎖を受けて前年比 126.1%の大幅増 〜電子書籍に関する調査結果 2019 〜. 2019-07-23. https://research.impress.co.jp/topics/list/ebook/566，（参照 2023-08-04）.

うとしていた。だが，そのうち 84.5％ にあたる 2,387 億円がコミックによるもので，この構成比は 2000 年代からそう大きく変わっていない。ここからさらに電子雑誌の売上を除くと，TTS に対応しうる電子書籍の市場は最大でも 439 億円（ここには写真集などフィックス型電子書籍の売上も含まれておりすべてがリフローで制作されているとは限らない）で，決して大きいとはいえない規模感である。

またトーハンが発表する 2018 年年間ベストセラー（総合）のうち，電子書籍化されているものは，20 作品中 13 作品[3]。残り 7 作品のうち 1 作品は電子書籍ではなく，アプリとして配信されているものだ。さらに基本計画書では課題として指摘されている新刊の同時配信は 11 作品で，読書困難者にとって話題の本を読める機会が限定的であることを示している。

障害者差別解消法で注目された電子図書館の導入も進んではいなかった。図書館流通センター（以下，TRC）では，障害者差別解消法を受け，読書バリアフリー法施行前の 2019 年 4 月には，同社の電子図書館サービス「Librarie & TRC‐DL」をウェブアクセシビリティ規格の JIS X 8341-3:2016 適合レベル「AA」に準拠したものに改修している[4]。すでに TTS に対応する機能を実装ずみの電子書籍閲覧のビューアも，同時期に機能を拡充した。

システム的には読書バリアフリー法にも対応しうる機能を兼ね備えていたにもかかわらず，電子書籍制作・流通協議会（以下，電流協）の調査によれば，2019 年 10 月現在の電子図書館の実施数は，TRC を含めても自治体数で 89，館数で 86 という有様だった[5]。公共図書館は電子書籍以外の「アクセシブルな書籍等」や「アクセシブルな電子書籍等」について対応していたとはいえ，電子書籍については厳しいのが実態だった。

2.2.2　ABSC 準備会

（1）出版業界の動き

2020 年 7 月には出版業界団体の一つで，国際出版連合にも加盟する日本書籍出版協会（以下，書協）の理事会において，アクセシブル・ブックス委員会（以下，AB 委員会）の設置が承認され，翌 2021 年 1 月には第 1 回の AB 委員会が開催された。

AB 委員会では，ABSC を JPO に設置することが提案された。

JPO は，2002 年 4 月に書協，日本書店商業組合連合会，日本出版取次協会，日本

3　インプレス総合研究所．電子書籍ビジネス調査報告書 2019．インプレス，2019，p.80-81．

4　図書館流通センター．お知らせ．2019-04-16．https://www.trc.co.jp/information/190416_trc.html，（参照 2023-08-04）．

5　電子書籍制作・流通協議会．電子図書館（電子書籍サービス）実施図書館　履歴．https://aebs.or.jp/Electronic_library_introduction_record.html，（参照 2023-08-04）．

雑誌協会，日本図書館協会の5団体により，出版産業のインフラ整備を目的に設立された業界団体である。2015年7月より商用出版物の書誌情報を一元的に管理する出版情報登録センター（Japan Publication Registry Office：以下，JPRO）を運営し，この時期，すでに出版者1,895がこれを利用していた[6]。対して，書協会員社は402（2020年11月1日時点）である[7]。2020年度の出版者数は2,907[8]で，出版者に対する告知，広報活動や普及啓蒙活動をするに適していると考えたものと思われる。

さらに，JPROではこの時期すでに紙の出版物で2,254,388点，電子書籍で269,760点に及ぶ基本書誌情報を有し[9]，これらの書誌情報を本の総合カタログサイト「Books」（https://books.or.jp）で公開している。読書バリアフリーの基本計画で定義されている「アクセシブルな書籍等」「アクセシブルな電子書籍等」は，すでに登録ずみの書誌情報に何らかの項目を付加したり関連づけたりすることが，JPROでは実現可能であり，かつそれを利用者に表示する土壌もあった。JPROとの連携をより強固にするためにも，ABSCはJPOに設置するのが合理的であった。

2021年4月には，JPROでBooksにおけるアクセシブル・ブックス対応の検討が開始され，同年6月のJPOの理事会ではABSC準備会の設置が承認された。

（2）ABSC準備会設置

2021年9月，第1回ABSC準備会開催。

ABSC準備会は，AB委員会のほか，出版業界団体から選出されたメンバーや有識者などから構成され，座長にはJPOの代表理事で小学館の代表取締役（当時）でもある相賀昌宏が就いた。

ABSC準備会ではABSC設立に向け，11月1日付でJPRO利用出版者約2,100（当時）に対して「読書バリアフリー法に対応する〈ABSC連絡窓口〉設置のお願い」という文書を送付し，ウェブで担当者の登録を募っている。

2021年12月に開催された「JPRO／Books新企画 説明会～読書バリアフリー法・著作権法改正への対応施策～」では，ABSC準備会の委員で，書協の理事長，AB委員会委員長でもある河出書房新社の代表取締役・小野寺優が「ABSC設立に向けて」の演題で登壇し，ABSC準備会の現状と展望について報告している。

ABSC準備会での具体的な活動は，およそ，ABSC準備会レポートの発行，TTS推進WGの設置，Booksのアクセシブル化の三つである。

6　出版書誌データベースへの登録受付終了のお知らせ. JPRO. https://jpro2.jpo.or.jp/documents/JPRO_ImportantNotice.pdf, （参照 2023-08-04）.
7　日本書籍出版協会. 会員出版社一覧. Wayback Machine. https://web.archive.org/web/20210214155429/https://www.jbpa.or.jp/outline/member.html, （参照 2023-08-04）.
8　日本出版販売. 出版物販売額の実態 2022. 2022, XXP.
9　出版書誌データベースへの登録受付終了のお知らせ. JPRO. https://jpro2.jpo.or.jp/documents/JPRO_ImportantNotice.pdf, （参照 2023-08-04）.

（3）ABSC 準備会レポートの発行

　ABSC 準備会の具体的な活動の第一歩は，広報誌『ABSC 準備会レポート』の発行を開始したことである。

　2022 年 6 月に創刊号，2023 年 1 月に 2 号をそれぞれ発行している。その内容は，読書バリアフリー法の解説や，視覚障害者等の統計レポート，「読書バリアフリー本」の種類といった現状を把握するための記事や，先行する出版者の事例紹介記事，障害者支援団体の活動などから構成され，巻末には，ABSC 準備会での活動についても報告している。

　この『ABSC 準備会レポート』は，JPRO を利用する約 2,600 の出版者（ABSC 連絡窓口の登録出版者を含む）や出版業界団体，出版関連業界団体のほか，日本視覚障害者団体連合の構成団体，盲学校など，おもだった視覚障害者等の当事者団体，支援団体などにも無料で送付している。出版者に対する読書バリアフリーへの理解促進に留まらず，出版業界外の出版業界に対する理解促進の役割も負う。

　またこのレポートは，障害当事者も読めるよう，電子書籍 EPUB リフロー版，電子書籍 PDF 版，マルチメディア DAISY 版，点字データ版も製作し，JPO のドメイン下で公開している（https://jpo.or.jp/absc/report/ab/）。

図表 2 - 1　ABSC 準備会レポートの書影

（4）TTS の推進

　既述のとおり，読書バリアフリー法の施行で出版業界にもっとも期待されているのは，電子書籍，とりわけ EPUB リフローの電子書籍の TTS 対応である。

　ABSC 準備会では，2022 年度より組織下に TTS 推進 WG（ワーキンググループ）を設置した。

　TTS に対応するには，出版者を通じて著作権者が合成音声読み上げを許諾する（契約の内容によっては著作権者への確認は不要）だけでは完結しない。電子書籍の閲覧ビューアが TTS の機能を持つことに加えて，電子書店そのものがウェブアクセシビリティに対応する必要がある。さらに言うなら，すでに配信ずみの電子書籍のほとんどは写真や図表の代替テキストがなく，本文テキストの読み違いや読み飛ばしなども当然のようにみられ，電子書籍の制作について見直す必要もあった。

　こうしたことから，TTS 推進 WG は電子書籍の制作や流通に関わるあらゆるプレイヤーのハブとなる必要があり，出版者のほか，電子書籍制作や流通に関わる印刷会社やその業界団体である電流協，デジタル出版者連盟（以下，電書連）からメンバーが選出されている。障害者支援団体とのつながりから，DAISY コンソーシアムと出版文化産業振興財団（Japan Publishing Industry Foundation for Culture：以下，JPIC）にもオブザーバーとして参加してもらった。

　WG では TTS に必要な技術的な知見を得るため，3 回の勉強会を開催。具体的な施策は継続課題となった。

　これと並行して，ABSC 準備会では日本文藝家協会と日本ペンクラブへの働きかけも行っている。両協会とも ABSC 準備会の取り組みについて会報で紹介され，会員に ABSC の活動と TTS 対応への理解を求める記事が掲載された。

（5）Books のアクセシブル化

　JPRO でもアクセシブル・ブックスの対応について協議し，電子書籍やオーディオブックの積極的な登録を推進してきた。Books では，原本となる出版物に紐づく形で電子書籍やオーディオブックも表示している。

　ABSC 準備会及び TTS 推進 WG ではここから一歩踏み込み，JPRO に対して電子書籍登録に「TTS」の項目の追加を要請した。これを受けて 2022 年 12 月には JPRO に「TTS」項目が増設され，Books で TTS に対応する電子書籍に関しては，「TTS 対応」と表示されるようになった。

　Books サイトそのものもアクセシブル対応をする必要があったため，2023 年 1 月に日本工業規格（以下，JIS）高齢者・障害者等配慮設計指針に沿った「JIS X 8341-3」のレベル A に準拠した。

図表 2 - 2　改修後の Books

2.2.3　ABSC としてめざしていること

　2022 年 3 月，JPO の理事会において「ABSC 準備会」が「ABSC」として活動していくことが承認された。ABSC は，JPO の組織下で ABSC 管理委員会が意思決定機関となって運営されていく。委員長に小野寺優，副委員長に相賀昌宏が就任した。

　ABSC での具体的な活動は，ABSC 準備会での活動を継続し，より発展させていくことである。

　第 1 回管理委員会は 7 月に開催された。ABSC 準備会のメンバーが継続して委員に就き，管理委員会の下に，運営部会，TTS 推進 WG と新たに広報 WG の二つの WG が設置された。

　初年度の活動としては，以下のことが予定されている。

（1） ABSC レポートの発行

『ABSC 準備会レポート』を継承して『ABSC レポート』を引き続き発行していく。

発行ペースは『ABSC 準備会レポート』と変わらず，年に 2 回程度。

第 3 号に当たる『ABSC レポート　2023 年 8 月号』では，雑誌の音訳に関わる編集者やボランティアの鼎談記事，触れる博物館・美術館や企画展の取り組みなどを紹介している。

（2） ABSC 専用のウェブサイトの開設

『ABSC レポート』が啓発的な広報誌であるのに対し，実務的な情報発信・情報共有を目的として ABSC のウェブサイトを開設する。

サイト構成は，概ね以下のように考えている。

アクセシビリティに対応するための書類・文例サンプル集や FAQ
　①出版者と著作権者との間で交わされる契約書・覚書・メール文面サンプル
　②出版者と印刷会社／電子書籍制作会社との間で交わされる契約書・覚書・発注
　　書サンプル　　など
アクセシビリティ対応の事例集
　①『ABSC レポート』で紹介した出版者の対応事例
　②『ABSC レポート』ほか，出版物のアクセシブル対応事例（手順など）　　など
資料集
　①出版アクセシビリティに関する用語解説
　②出版アクセシビリティに関する年表　　　など

2023 年度内にはウェブアクセシビリティに対応するサイトを構築し，公開する予定である。

（3） 研修用テキストの開発

出版者や編集者が自らの気づきを促す研修用テキストを開発し，ABSC のウェブサイトで公開する。とくに編集の現場でアクセシビリティに対応するに当たって編集制作時に配慮すべき点，留意すべき点などガイドラインを作り，具体的に示していく。

成果物は ABSC のウェブサイトで公開し，ダウンロードして各社でカスタマイズできるようにする。

（4） TTS の推進

TTS 推進 WG では，TTS を推進するための活動を継続していく。

2023 年 5 月，EPUB3.3 が W3C 勧告として公表された[10]。アクセシビリティの観点

からは，EPUB アクセシビリティ仕様が更新され，EPUB 標準の一部として統合されたことが大きな変更点である。電流協や電書連と連携しながら，制作ガイドライン策定の道筋をつける必要がある。

　一方で，TTS 推進 WG としては成果でもあった JPRO「TTS」項目の増設は，出版者の登録が追い付いていないため，実質的にあまり機能していないのが現状である。2021 年 5 月に「障害者差別解消法」が改正され，これまで努力義務だった「合理的配慮」が 2024 年には法的義務として提供することが求められる。その前には市場に出回る EPUB リフローの電子書籍が TTS に対応できるよう，引き続き関係各所に促していく。

　電子書籍取次事業者にヒアリングをしたところ，EPUB リフローの電子書籍は 20 万点を超えている。何らかの事情によって対応できない作品もあるかもしれないが，多くの出版者や著作権者の理解と協力が得られれば，市場に出回る小説や実用書といったジャンルの電子書籍のうち相当数が——たとえ読み違え・読み飛ばし等のある不完全なファイルだったとしても——視覚等に障害を持つ人たちにも届けられるようになる。

　次に記載する広報 WG を通じて出版者に訴えていくとともに，JPRO との合同説明会などを通じて周知していきたいと考えている。

（5）Books のアクセシブル・ブックス表示の拡充

　Books では，ウェブアクセシビリティ規格に対応し，EPUB 電子書籍が TTS に対応する場合は，それを表示する機能も実装した旨，すでに述べた。また，「JIS X 8341-3」のレベル A に準拠したものに改修したが，これをさらに拡充する。

　具体的には，国立国会図書館やサピエを通じて，アクセシブル・ブックスが入手できるものを Books 上で表示する。すでに国立国会図書館やサピエにはヒアリング済みで，Books から API 経由で情報を取得が可能であることがわかっている。また，「JIS X 8341-3」の AA 準拠も視野に入れ，障害を持つ当事者の意見も取り入れながらアクセシブルな「Books」をデザインしていく。

　Books にアクセスすれば，どのような出版物が世の中に存在し，それがどういう形で読むことができるのかがわかる，というサイトにするのが目標である。TTS 対応の電子書籍として購入するのか，サピエや国立国会図書館から DAISY データや点字データとして閲読するのかなど，情報を一元化することで，読者の利便性の向上に寄与して，読者の選択肢を増やしていく。

10　W3C. EPUB 3.3 becomes a W3C Recommendation. 25 May 2023. https://www.w3.org/press-releases/2023/epub33-rec/, (accessed 2023-08-04).

ABSCに対する期待は大きいものの，国内に3,000あると言われる出版者にあまねく情報を届け，理解や協力を得るのは並大抵のことではない。だが，出版アクセシビリティに取り組むことは，障害者と非障害者の間にある課題に取り組むことに留まらず，ジェンダーや年齢，国籍などさまざまな壁を乗り越えて，多様性を認め合う世界を作ることに通じるものと考える。

2.3　読書バリアフリー資料メタデータ共有システム

2.3.1　システム概要

（1）目的と構築経緯

　本システム[11] は，大学等の図書館・図書室・障害学生支援室において，視覚障害者等（プリントディスアビリティ）の利用のために電子化された資料のメタデータを全国的に検索可能にし，大学等間での資料の共有を促進することが目的である。

　2019 年 6 月施行の「視覚障害者等の読書環境の整備の推進に関する法律」（通称：読書バリアフリー法）や，2019 年 1 月施行の改正著作権法第 37 条第 3 項によって，視覚障害者等を対象とした資料の電子化や電子的送信が法的に可能になったこと，また，国立国会図書館の「視覚障害者等用データ送信サービス」[12] で対象外となっている資料（例：章レベルに満たない断片資料）をカバーする必要性があることを受けて，本システムの構築に関する検討が 2019 年度末に開始された。

　本システムは，文部科学省と国立情報学研究所（NII）の連携により運営されており，2022 年 10 月 4 日よりサービスを公開している。2023 年 6 月末時点で，参加機関数は98，登録されたメタデータ件数は 295 である。

図表 2 - 3　本システムのトップページ

11　https://a11y.pub.nii.ac.jp/
12　https://www.ndl.go.jp/jp/support/send.html

（2）登録対象

　本システムでは，メタデータの登録・共有のみを目的としており，電子化資料そのものの共有については範疇外である。このため，登録資料の利用については，資料のメタデータ等に記載された各参加機関の連絡先に連絡する運用である。運用上，または権利・契約上，提供できない資料のメタデータは登録対象外であるが，国立国会図書館の「視覚障害者等用データ送信サービス」に登録できない資料や登録していない資料のみを登録対象とするという制約は特に設けていない。

図表 2 - 4　本システムの概要

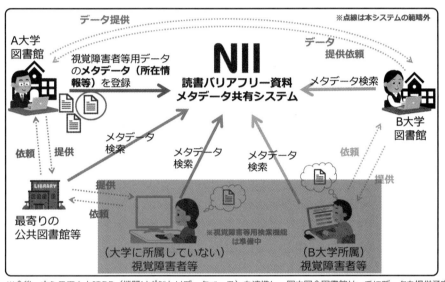

※今後、本システムとIRDB（機関リポジトリデータベース）を連携し、国立国会図書館サーチにデータを提供予定

2.3.2　システム開発

（1）開発スケジュール

　本システムの構築に関する検討は，文部科学省研究振興局参事官（情報担当）付学術基盤整備室からの要請により，2020 年 3 月に開始された。開発スケジュールやシステム設計等の事前検討が進められる中で，2020 年 7 月に文部科学省・厚生労働省によって「視覚障害者等の読書環境の整備の推進に関する基本的な計画」が公開され，この中で「施策の方向性」として「③全国の大学及び高等専門学校の附属図書館が保有するアクセシブルな書籍等の所在情報を共有するためのリポジトリを国立情報学研究所において整備し，視覚障害者等による円滑な利用を促進する」[13] との言及がなされ，本格的な検討へと移行した。同文書では「同リポジトリと国立国会図書館のデータベースとの連携について検討を進める」との記述もあり，取り扱う範囲の決定等に

あたっては，国立国会図書館との打合せを実施した。

　また，文部科学省研究振興局参事官（情報担当）付学術基盤整備室から，本システムの登録対象となる電子化資料をもつ大学数機関に依頼し，2020年度に2回に渡って意見交換の場を設けたほか，高等教育機関における障害学生支援に携わる事業団体「一般社団法人全国高等教育障害学生支援協議会（AHEAD JAPAN）」[14] との意見交換も，2020年度，2021年度に各1回実施した。

　その後，2021年度後半から2022年度当初にかけてシステム開発を実施し，並行して，意見交換で協力いただいた機関からサンプルとなるメタデータの提供を受けた。実際のメタデータが登録された状態で，2022年7月に試行運用として各機関に動作確認を依頼し，フィードバックを踏まえて最終調整を実施した。

　運用開始に向けて，利用規程や操作マニュアルの整備も進め，2022年8月末より運用開始当初の参加機関の募集を開始し，10月4日に運用開始の運びとなった。

図表 2-5　開発スケジュール

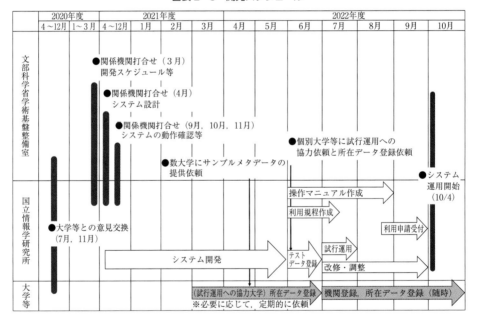

13　文部科学省, 厚生労働省. 視覚障害者等の読書環境の整備の推進に関する基本的な計画. 2020, p.12. https://www.mext.go.jp/content/000073559.pdf，（参照 2023-08-04）.
14　https://ahead-japan.org/

（2）開発にあたっての検討

①大学数機関との意見交換

2020年7月に開催された1回目の意見交換では，国立情報学研究所側で，実際の利用イメージ図や運用イメージなどについて資料を用意し，以下の点を中心に確認した。

・機関内での登録作業者，登録作業の管理方法

・新システムへの登録手順，認証方法

・月または年あたりの登録件数，登録頻度，今後の増加量の想定

・新システムに必要な機能

意見交換に参加したすべての機関において，データ作成と管理は図書館が担当しており，国立情報学研究所がオープンアクセスリポジトリ推進協会（JPCOAR）と共同運営する「JAIRO Cloud」[15] の利用機関も多数だったことから，JAIRO Cloud のベースとなるシステム「WEKO3」[16] を前提として，検討を進めることとした。WEKO3 は，欧州原子核研究機構（CERN）の開発した Invenio というシステムをベースに，国立情報学研究所が開発したシステムである。

2020年11月に開催された2回目の意見交換では，具体的なデータ登録の流れや利用時の流れ，仮作成した画面例を提示しつつ，以下の点を中心に確認した。

・各機関が管理する範囲

・視覚障害者等が利用することを想定した画面構成

・各機関の連絡先の記載場所

2回の意見交換を経て，最終的には以下の構成で開発を進めることとなった。

・複数の参加機関で1つのシステムを共有

・機関ごとに使用可能なインデックス・アイテムタイプ・ワークフローは固定

・各機関の連絡先はインデックスのほか，アイテムごとにも記述

これらのほか，JAIRO Cloud（WEKO3）との主な違いは以下のとおりである。

・ログインには「JAIRO Cloud 統合認証システム」は使用しない

・機関が使える管理画面（Administration）メニューが限定的

・非ログイン状態ではインデックスツリーやインデックスは非表示

② AHEAD JAPAN との意見交換

2021年4月に開催された1回目の意見交換では，前段の大学数機関との意見交換に向けて作成した資料に対し，結果を反映したものを用意した。

資料内では，「JIS X 8341-3:2016（高齢者・障害者等配慮設計指針－情報通信における機器,ソフトウェア及びサービス－第3部:ウェブコンテンツ）」への対応として，ウェブアクセシビリティ対応の取り組みを支援するために，総務省が開発・提供して

15　https://jpcoar.repo.nii.ac.jp/page/42

16　https://rcos.nii.ac.jp/service/weko3/

いる評価ツール「みんなのアクセシビリティ評価ツール：miChecker」[17] を使用して
チェックと対策を講じることとし，検索窓の位置や検索結果の読み上げ，順番等につ
いて考慮するほか，インデックスツリーやファセット検索の非表示対応について触れ
ており，2021年11月に開催された2回目の意見交換も含め，視覚障害者等による本
システムの直接利用の場面において期待される，規格やインターフェースの条件が，
主な論点となった。

2.3.3　メタデータスキーマ

（1）採用スキーマ

　システム本体の開発方針がおおむね固まった時点で，続けてメタデータスキーマの
検討に入った。検討の結果，オープンアクセスリポジトリ推進協会が策定した機関リ
ポジトリ用のメタデータスキーマである「JPCOARスキーマ」[18] に準拠することとし
た。

　JPCOARスキーマの採用理由としては，当時，本システムが連携を予定していた「国
立国会図書館サーチ」[19] について，すでに，国立情報学研究所が運用する「IRDB（学
術機関リポジトリデータベース：Institutional Repositories DataBase）」[20] を通じたシ
ステム連携の実績があり，スムーズなメタデータ流通が可能となることが最大のポイ
ントとなった。IRDBは，日本国内の学術機関リポジトリに登録されたコンテンツの
メタデータを収集，提供するデータベース・サービスで，2.3.2（2）で触れたクラウ
ド型の機関リポジトリ環境提供サービスJAIRO Cloudについても，IRDBによって
JPCOARスキーマに準拠したメタデータが収集されている。

　JPCOARスキーマは，以下3点を基本方針として，従前より使用されてきたスキー
マ「junii2」の改訂という形で2017年10月に策定された。[21]

　①オープンサイエンス・オープンアクセス方針に対応したデータ要素の追加と整理

　②識別子の拡充にともなうメタデータ構造の修正

　③国際的に相互運用性の高いデータ交換のためのスキーマ定義

　2022年3月には，「国内の学術機関等が取り扱うデジタルアーカイブ」「主に公的資
金による研究開発において生み出され，国内の機関リポジトリ等へ登録される各種研
究データ」への対応を目的としてJPCOARスキーマVersion 2.0の策定が計画され[22]，
12月に正式公開された。

17　https://www.soumu.go.jp/main_sosiki/joho_tsusin/b_free/michecker.html
18　https://schema.irdb.nii.ac.jp/
19　国立国会図書館が提供する「視覚障害者等用データ送信サービス」は「国立国会図書館サーチ（障
　　害者向け資料検索）」（https://iss.ndl.go.jp/#search-handicapped）で利用可能。
20　https://irdb.nii.ac.jp/
21　機関リポジトリ推進委員会メタデータ検討タスクフォース. junii2改訂の基本方針. 2016, p.1.
　　https://jpcoar.repo.nii.ac.jp/records/363,（参照 2023-08-04）.

（左余白）

（2）メタデータ項目

　基本方針として，視覚障害者等にとって利用が必要な資料かどうかを判断するための情報や，資料提供依頼の前に所蔵機関に照会する手間を省くための情報等を中心としつつ，アイテムに登録するメタデータは必要最小限に留めることとした。具体的には図表2-6の23項目である。

　なお，図表2-6では割愛しているが，実際の項目は「サブプロパティ」も用意されているため，詳細についてはマニュアル[23]を参照いただきたい。また，「プロパティ」列とJPCOARスキーマガイドラインの「スキーマ項目」が対応している。

図表2-6　メタデータ項目一覧

#	項目名（日）	項目名（英）	プロパティ	詳細検索 使用項目	OAI-PMH マッピング設定
1	タイトル	Title	タイトル	○	dc:title
2	その他のタイトル	Alternative Title	その他のタイトル	○	dcterms:alternative
3	著者	Author	作成者	○	jpcoar:creator
4	権利情報	Rights	権利情報	○	dc:rights
5	主題	Subject	主題	○	jpcoar:subject
6	ファイル形式	Format	内容記述	○	datacite:description
7	校正レベル	Proofreading Level	内容記述	○	datacite:description
8	備考	Description	内容記述	○	datacite:description
9	出版者	Publisher	出版者	○	dc:publisher
10	出版日	Date Issued	日付	○	dc:date
11	デジタルデータ作成日	Date Created	日付	○	dc:date
12	言語	Language	言語	○	dc:language
13	資源タイプ	Resource Type	資源タイプ		
14	識別子	Identifier	識別子		
15	ID登録	Identifier Registration	ID登録		
16	ISBN	ISBN	関連情報	○	dc:relation
17	ISSN	ISSN	収録物識別子	○	dc:relation
18	収録物名	Source Title	収録物名	○	jpcoar:sourceTitle
19	巻	Volume	巻		
20	号	Issue	号		
21	開始ページ	Page Start	開始ページ		
22	終了ページ	Page End	終了ページ		
23	機関連絡先	Contact	内容記述		datacite:description

22　オープンアクセスリポジトリ推進協会コンテンツ流通促進作業部会．JPCOARスキーマ Version 2.0 策定方針．2022，p.1．https://doi.org/10.34477/0002000146，（参照 2023-08-04）．

23　国立情報学研究所学術コンテンツ課．読書バリアフリー資料メタデータ共有システム登録マニュアル．2023，p.10-13．https://a11y.pub.nii.ac.jp/widget/uploaded/manual_20230106.pdf/Root%20 Index，（参照 2023-08-04）．

2.3.4　今後の課題

（1）国立国会図書館のデータベースとの連携

　2023 年 3 月 28 日付けで，国立国会図書館が新たに障害者用資料検索サービスとして「みなサーチ」[24] の β 版を公開した。みなサーチは，現在の国立国会図書館サーチの「障害者向け資料検索」機能の後継として位置づけられており，国立国会図書館との調整のうえ，本システムの連携先としてみなサーチを採用することとなった。

　みなサーチの正式版の公開予定時期である 2024 年 1 月以降をシステム連携開始の目標として，国立情報学研究所では，資料形態やデータの校正レベル等，国立国会図書館が新サービスに当たって調整した項目を中心に，表現の統一やメタデータ項目の調整等，検討を進めていく予定である。

（2）ウェブアクセシビリティの向上

　2.3.2（2）②で触れた AHEAD JAPAN との意見交換の中で，フォントサイズをより大きくする，画面中の英語の適切な翻訳，アルファベットの略語の日本語化など，いくつかの要望があり，最終的には「JIS X 8341-3:2016」のレベル AA に準拠することが期待される，といった意見があった。

　本システムの対応範囲について，改めて整理をすると共に，関係各所からもご意見をいただきつつ，今後の対応について検討予定である。

24　https://mina.ndl.go.jp/

2.4　国立国会図書館のアクセシビリティへの取り組み

2.4.1　はじめに

　本稿は，近年，国立国会図書館（以下「NDL」という）が実施してきた電子図書館・電子書籍サービスのアクセシビリティに関する二つの取り組みを紹介するものである[25]。

　2019 年 6 月，「視覚障害者等の読書環境の整備の推進に関する法律」（令和元年法律第 49 号。以下「読書バリアフリー法」という）が施行された。2020 年 7 月には，同法第 7 条の規定に基づき，文部科学省及び厚生労働省において「視覚障害者等の読書環境の整備の推進に関する基本的な計画」（以下「基本計画」という）が策定された。基本計画は，音声読み上げ対応の電子書籍，DAISY 図書，オーディオブック，テキストデータ等のアクセシブルな電子書籍等について，市場で流通するものと，著作権法（昭和 45 年法律第 48 号）第 37 条[26] に基づいて障害者施設，図書館等によって製作される電子書籍等を車の両輪として普及を図ることとした。NDL は，基本計画が定める国の施策を今後の運営を定める各種方針に記載し，それに基づいて取り組んでいる。

　NDL は，中期的な運営方針を定めるために，2004 年からビジョンを策定してきた。現行ビジョンは，2021 年 1 月に定めた「国立国会図書館ビジョン 2021 - 2025」（令和 3 年国図企 2101133 号）[27] である。本ビジョンは，情報資源と知的資源をつなぐ 7 つの重点事業と，引き続き遂行する 4 つの基本的役割から成る。本ビジョンは今後 5 年間を「国立国会図書館のデジタルシフト」推進期間とし，これを達成するために 7 つの重点事業を示している。7 つの重点事業は，すべての利用者に多様な情報資源を提

25　アクセシビリティに限らない NDL における電子図書館サービスに関する施策については，以下に詳述している。
　木目沢司，徳原直子. 国立国会図書館. 電子図書館・電子書籍サービス調査報告 2022：これまでの 10 年とこれからの 10 年. 電子出版制作・流通協議会監修, 植村八潮, 野口武悟, 長谷川智信編著. 樹村房，2022，pp.18-41.
　また，さらに広く NDL におけるデジタルシフトについては，以下に詳述している。
　福林靖博. 国立国会図書館のデジタルシフト. 電子図書館・電子書籍貸出サービス調査報告 2021：After コロナをみすえて. 植村八潮，野口武悟，長谷川智信，電子出版制作・流通協議会編著. 電子出版制作・流通協議会，2021，pp.20-33.

26　著作権法第 37 条第 3 項は，NDL 等の施設が視覚障害者等に提供するために著作物を複製又は公衆送信することを認めている。ただし，同項ただし書きにおいて，すでに同じ方式による資料が市場に流通している場合には無許諾での複製又は公衆送信が許容されないことを規定している。

27　国立国会図書館. 国立国会図書館ビジョン 2021-2025 - 国立国会図書館のデジタルシフト -. 2021. https://www.ndl.go.jp/jp/aboutus/vision_ndl.html，（参照 2023-08-04）.

供するユニバーサルアクセスを実現する事業と，そのための恒久的なインフラとなる国のデジタル情報基盤の拡充を図る事業から構成される。このユニバーサルアクセスの実現の一つとして，読書バリアフリーの推進を掲げ，視覚障害等の理由で読書に困難がある利用者向けに，バリアフリー対応の資料の収集・検索・提供サービスと，利用しやすいテキストデータの製作支援を推進することとした。

また，NDL は，障害者等に対するサービスに関する方針を定めるものとして，2011 年から実施計画を策定してきた。現行計画である「障害者サービス実施計画2021 - 2024」[28] は，「国立国会図書館ビジョン 2021 - 2025」を受け，障害者が利用しやすい資料の一層の充実を促進するとともに，それらの資料を発見しアクセスできる体制・環境の整備をめざすものとして策定された。「障害者サービス実施計画 2021 - 2024」において，電子図書館・電子書籍サービスのアクセシビリティに関する事項として，著作権法第 37 条に基づく電子書籍等については「2.1 視覚障害者等用資料の充実」，「2.3 インターネットを利用したサービス」，「2.5 外国からの視覚障害者等用データの入手及び国内で製作された視覚障害者等用データの外国への提供のための環境整備」で，また，市場で流通する電子書籍等については「2.4 アクセシブルな電子書籍の導入促進等」で定めている。

このように，NDL における電子書籍等のアクセシビリティに関する取り組みは，基本計画が求める車の両輪の両方に関わる形で実施されている。以下では，著作権法第 37 条に基づいて製作される電子書籍等について 2.4.2 で，また，市場で流通する電子書籍等に関する取り組みについて 2.4.3 で紹介する。

2.4.2　著作権法第 37 条に基づいて製作される電子書籍等に関する取り組み

著作権法第 37 条に基づいて製作される電子書籍等のアクセシビリティについては，大きく 2 つの視点がある。1 つは，視覚障害者等が利用しやすい電子書籍等の数を増やすことにより達成される「利用機会の拡大」という視点であり，もう 1 つは，製作された利用しやすい電子書籍等を容易に発見できるようにする「利用しやすさの拡大」という視点である。この 2 点は，基本計画において「アクセシブルな書籍等の充実」及び「インターネットを利用したサービスの提供体制の強化」という形で言及されており，NDL を始めとした図書館等の更なる取り組みが求められている。

本項では，著作権法第 37 条に基づいて製作する電子書籍等について，NDL が実施する事業の概要を述べた後，基本計画が求める「アクセシブルな書籍等の充実」及び「インターネットを利用したサービスの提供体制の強化」に資するものとして，NDL

28　国立国会図書館. 障害者サービス実施計画 2021-2024. 2021. https://www.ndl.go.jp/jp/support/service_plan2021_2024.pdf,（参照 2023-08-04）.

が実施する新たな取り組みについて紹介する。

（1）視覚障害者等用データの製作及び収集と視覚障害者等用データ送信サービス

　NDL は，図書館等からの依頼に基づいて，他機関では製作が難しい学術文献の録音図書及びテキストデータを製作している。録音図書は，1975 年から製作を開始した。当初はアナログ形式で録音しカセットテープ等で提供していたが，2002 年以降は，DAISY 形式で製作し[29]CD-ROM で提供している。テキストデータは，2021 年度から本格的に製作を開始した。OCR（光学文字認識）をかけただけで文字校正を行っていない未校正テキストデータ，校正を行い図等の内容を説明したテキストを挿入した校正済テキストデータの 2 種類を製作している。2022 度末までの NDL の累積製作点数は，録音図書（アナログ形式）2,112 タイトル，録音図書（DAISY 形式）1,937 タイトル，未校正テキストデータ 263 タイトル，校正済テキストデータ 136 タイトルである。

　これらの当館製作データに加えて，国内の公共図書館等から収集したデータ及び「盲人，視覚障害者その他の印刷物の判読に障害のある者が発行された著作物を利用する機会を促進するためのマラケシュ条約」に基づき国外の機関から収集したデータ[30] をあわせて，視覚障害者等用データをインターネット経由で提供する「視覚障害者等用データ送信サービス[31]」を 2014 年 1 月から実施している。2022 年度末現在，図表 2-7 のとおり計 38,541 点を提供している。

図表 2-7　提供データ点数（2022 年度末現在)

	NDL が製作	国内の機関から収集	国外の機関から収集	合計
音声 DAISY	2,100	31,473	16	33,589
マルチメディア DAISY	0	776	5	781
テキスト DAISY	3	89	3	95
EPUB	135	2	0	137
透明テキスト付 PDF	190	234	0	424
DOCX（Word）	0	322	0	322
TXT（プレーンテキスト）	291	390	0	681
点字データ	23	2,475	14	2,512
合計	2,742	35,761	38	38,541

29　過去にアナログ形式で製作したタイトルも，順次 DAISY 形式でのデジタル化を進めている。
30　マラケシュ条約は，国境を越えた視覚障害者等用データの交換を可能にする国際条約であり，日本では 2019 年 1 月に発効した。NDL は，世界知的所有権機関（WIPO）のもとに設立された視覚障害者等用データに関する国際的な総合目録サービスである Accessible Books Consortium Global Book Service に同年 7 月に加入し，マラケシュ条約に基づく視覚障害者等用データの国際交換サービスを同年 11 月から開始した。
31　国立国会図書館. 視覚障害者等用データ送信サービス（視覚障害者等個人の方向けのご案内）https://www.ndl.go.jp/jp/support/send.html,（参照 2023-08-04).

なお，これらのデータは，9割以上がサピエ図書館[32]を通じても利用可能である。サピエ図書館とNDLが連携してデータを収集・提供することで，全国にある視覚障害者等用データを統合的に検索することが可能になっている。

（2）デジタル化資料の全文テキストデータの提供

①経緯

NDLは，資料保存及び電子図書館サービスの観点から，所蔵資料のデジタル化を進めてきた[33]。しかし，NDLのデジタル化資料はテキストデータを持たない画像データであり，そのままの形では，読み上げソフト等を利用して書籍にアクセスする視覚障害者等は利用することができない。そのため，デジタル化資料へのアクセスを求めて，障害当事者団体等からデジタル化資料のテキストデータの提供を望む声が上がっていた。他方，NDLでは，デジタル化資料の本文検索サービスの実現に資するため，2021年度に約247万点のデジタル化資料の画像データをOCRで読み取り，本文のテキストデータ[34]（以下「全文テキストデータ」という）を作成する事業を実施することとなった[35]。

こうした状況を踏まえて，NDLでは「障害者サービス実施計画2021‐2024」において「2.1.6 デジタル化資料の利活用に係る検討」を掲げ，全文テキストデータを視覚障害者等へ提供するための議論を重ねてきた。

検討の過程で特に課題となったのは，著作権法第37条第3項ただし書きで規定する同じ形式の視覚障害者等用資料が市場に流通している場合を，どのように判断するのかという点であった。出版関係団体，当事者団体，図書館関係団体等と調整を重ねた結果，本事業においては下記の2つの除外基準を設け，該当する資料を提供対象から除外することで関係者と合意した。加えて，当該資料または同内容の著作物のオーディオブックが流通している場合は，暫定的に全文テキストデータの提供を留保することとなった。

32　全国視覚障害者情報提供施設協会が運営を行う電子図書館サービスである。
33　2022年度末時点のデジタル化資料提供件数は，インターネット上で公開されている資料58万点，図書館向け／個人向けに送信されている資料184万点，国立国会図書館の館内のみで提供されている資料101万点の計343万点である。
　　国立国会図書館．資料デジタル化について．https://www.ndl.go.jp/jp/preservation/digitization/index.html，（参照2023-08-04）．
34　作成されたテキストデータは，2022年12月から国立国会図書館デジタルコレクションで本文検索用のデータとして提供されている。
35　NDLラボ．1 令和3年度デジタル化資料のOCRテキスト化．https://lab.ndl.go.jp/data_set/ocr/r3_text/，（参照2023-08-04）．

■全文テキストデータの除外基準

①原本を購入した視覚障害者等が出版者等に申し出た場合に，当該資料又は同内容の著作物のテキストデータの提供を当該出版者等が行う旨を，原本や出版者等が運営するホームページ等において公表している場合

②当該資料又は同内容の著作物が，スクリーンリーダーによる読み上げ（Text to Speech（TTS））に対応している等，視覚障害者等が支援技術を通じて利用できる方式により，電子書籍市場や出版者のホームページ等で流通している場合（おおむね1か月を目安として流通予定であることを公開情報により確認できた場合を含む）

＊「同内容の著作物」とは，全文テキストデータの内容をすべて含む著作物で，文庫版，作品集・全集，他出版社からの再版等を含む。

　また，除外基準に該当する全文テキストデータを対象から除外するための確認手続[36]を，出版者等の協力を得て実施することとなった。このような過程を経て，2023年3月28日から，後述の国立国会図書館障害者用資料検索（みなサーチ）β版を通じて，視覚障害者等への全文テキストデータの提供を開始した。

②**全文テキストデータの概要**

　提供する全文テキストデータは約247万点にのぼり，資料種別ごとの内訳は図表2-8のとおりである。いずれもOCRをかけたままの未校正のテキストデータ[37]であることが特徴である。全文テキストデータは，視覚障害者等用データ送信サービスのデータとして提供されるため，同サービスに登録した視覚障害者等個人及び機関[38]であれば，全文テキストデータをダウンロードして，自身の読み上げソフトや点字ディスプレイ等で利用することが可能である。

図表2-8　全文テキストデータを提供する資料

種別	内容	点数（概数）
図書	・1968年までに受け入れた図書 ・震災・災害関係資料の一部（1969年以降受入分も含む）	97万点
雑誌	・明治期以降に刊行された雑誌 　（刊行後5年以上経過したもの）	132万点
博士論文	・1990〜2000年に送付を受けた論文	15万点
その他	・官報等	2万点
	計	247万点

36　国立国会図書館. デジタル化資料の全文テキストデータの視覚障害者等への提供に係る確認手続. https://www.ndl.go.jp/jp/library/supportvisual/supportvisual-10_textdata.html,（参照 2023-08-04）.

37　OCRの誤認識により，誤字やレイアウトの崩れがある可能性がある。OCRの文字認識性能については，以下のページに記載がある。
　　NDLラボ. 1令和3年度デジタル化資料のOCRテキスト化. https://lab.ndl.go.jp/data_set/ocr/r3_text/,（参照 2023-08-04）.

38　2022年度末時点で，個人の登録利用者数は551名，サービスの参加館（送信承認館）数は239館。

さらに，図書97万点の分類別の内訳をみると，図表2-9のとおりである。

これまで公共図書館等から収集し視覚障害者等用データ送信サービスで提供するデータは，分類別でみると「文学」のジャンルが半数近くを占めており，そのうち，小説・物語が6割以上を占めていた。全文テキストデータ約247万点の提供開始により，提供データの構成比が大きく変化している。基本計画では，教育や研究目的で利用できるアクセシブルな電子書籍等が極めて少ないという課題が指摘されている。NDLの全文テキストデータの提供が，さまざまな分野の教育・研究目的での利用のニーズに応える一助となる可能性が高いと言えよう。

図表2-9　全文テキストデータ図書97万点の分類別内訳

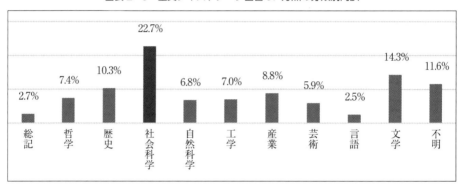

③今後の予定

本事業の開始により，NDLが視覚障害者等用データ送信サービスを通じて提供するアクセシブルな電子書籍等は，約4万点から約250万点へと大幅に拡大した。視覚障害者等によるアクセシブルな電子書籍等の利用機会の拡大につながっていると言えよう。さらにNDLでは，2021年度からNDLのデジタル化資料に最適化したOCR処理プログラム（NDLOCR）の研究開発[39]も行っている。今後はこのNDLOCRを用いて，1970年代以降の図書なども順次テキスト化を行い，より精度の高いテキストデータを順次追加していく予定である。

（3）新しい障害者用資料検索サービスの開発
①経緯

視覚障害者等用データ送信サービスは，「国立国会図書館サーチ（NDLサーチ）」の「障害者向け資料検索」画面[40]を通じて提供している。現行の「障害者向け資料検索」では，視覚障害者等用データ送信サービスのデータだけでなく，サピエ図書館の書誌情報や全国の公共図書館等における障害者用資料の書誌・所蔵情報など，複数のデータベースを検索対象としており，視覚障害者等が全国にあるアクセシブルな書籍等を統合的に検索することが可能である。一方で，この検索システムは，「NDLサー

チ」という一般資料の検索サービスにおける一画面として開発されたものであるため，さまざまな支援機器等を用いて検索サービスを使用する視覚障害者等からは，目的の障害者向け資料をより簡単に見つけやすくすることに関して，更なる改善の要望が寄せられていた。

　こうしたことから，NDLでは「障害者サービス実施計画2021‐2024」において「2.3.3.3 障害者用資料の統合検索サービスの開発」を掲げ，障害者用資料を見つけやすく，読み上げソフト利用者等にも使いやすいユーザインターフェイスを備えた，新たな障害者用資料の統合検索サービスの開発に着手した。

　開発の過程では，さまざまな障害当事者団体等にヒアリングを実施し，使いやすい検索システムについて意見を聴取した。こうした利用者ニーズをデザイン設計等に反映させた上で，2023年3月28日には「国立国会図書館障害者用資料検索」（愛称：みなサーチ）[41] β版を試験公開した。2024年1月の本稼働に先立ち，β版として試験公開することで，より多くの利用者から意見を受けて，さらなるウェブアクセシビリティ等の改善に資することを企図している。

図表2‐10　みなサーチβ版のトップページ

39　NDLラボ. 2 令和3年度OCR処理プログラム研究開発. https://lab.ndl.go.jp/data_set/ocr/r3_software/，（参照 2023-08-04）.
　　2022年度には，2021年度に開発したNDLOCRの改善を実施し，視覚障害者等用データとして適するよう読み順の整序等を行った。
40　https://iss.ndl.go.jp/#search-handicapped，（参照 2023-08-04）.
41　https://mina.ndl.go.jp/，（参照 2023-08-04）.
　　愛称の「みなサーチ」は，皆（みな）にとって使いやすく検索しやすいシステムでありたい，という願いを込めて名付けられた。

②みなサーチの概要

　みなサーチでは，前述の全文テキストデータのほかにも，点字，DAISY，大活字本，LLブック[42]，読み上げ対応の電子書籍，オーディオブック，バリアフリー映像資料[43]など，さまざまな障害者向け資料を一度に検索することが可能である。検索の方法としては，簡易検索に加えて，利用者のニーズに応じて細かく条件を指定して検索することができる「詳細検索」，資料の中身をキーワードで検索することができる「全文検索」，さまざまなジャンルから検索することができる「ジャンル検索」という4つのメニューを設けている。

　「全文検索」は，国立国会図書館デジタルコレクション[44]の全文検索に相当する機能を持つ検索画面である。全文検索でヒットした箇所は検索結果一覧に表示され，NDLの視覚障害者等用データ送信サービスに登録している視覚障害者等であれば，専用のIDとパスワードでログインした後，検索結果から全文テキストデータをダウンロードして利用することが可能である。

　「ジャンル検索」では，「聴覚機能で利用する資料」「触覚機能で利用する資料」といった，その資料を利用するために必要な身体機能等で該当の資料を検索できる仕組みを設けており，障害者向け資料の特徴を詳しく知らない利用者でも，自分が利用できる資料を容易に探し出せるようにしている。その他，「ダウンロードの多い資料」「児童書」「今すぐ聞ける"歴史的音源"」といった，利用者から要望が寄せられていた複数のジャンルをあらかじめ設定しており，さまざまな切り口で簡単に検索できるようにしている。

③今後の予定

　このように，みなサーチでは，さまざまな支援機器等を使用する視覚障害者等にとって使いやすいデザイン，アクセシビリティ上の配慮，資料の探しやすさ等を工夫することで，利用しやすさの向上が図られている。今後も，利用者の声を受けながらウェブアクセシビリティ対応等について改善を図りつつ，視覚障害者等がみなサーチを十分に活用できるよう，引き続き検討を行っていく予定である。

2.4.3　市場で流通する電子書籍等に関する取り組み

　NDLと「図書館におけるアクセシブルな電子書籍サービスに関する検討会」は，2023年7月に，「電子図書館のアクセシビリティ対応ガイドライン1.0」を公表した。本節では，同ガイドラインについて紹介する。

42　LLブックのLLとは，スウェーデン語のLättlästの略語で「やさしく読める」という意味である。ピクトグラム（絵文字）などを使って，やさしい言葉でわかりやすく書かれている。

43　聴覚障害者に配慮した字幕付きの映像資料，視覚障害者に配慮した音声解説付きの映像資料が検索可能である。

44　https://dl.ndl.go.jp/，（参照 2023-08-04）.

（1）ガイドライン作成の経緯

　基本計画はⅢ.4.（4）において，音声読み上げ機能等に対応したアクセシブルな電子書籍等を提供する民間電子書籍サービスについて，関係団体の協力を得つつ図書館における適切な基準の整理等を行い，図書館への導入を支援することを求めている。関係省庁との協議の結果，本施策はNDLが中心となって取り組むこととなった。そこで，NDLが事務局となり，2021年度から「図書館におけるアクセシブルな電子書籍サービスに関する検討会」を開催してきた。

　本検討会のメンバーは，「視覚障害者等の読書環境の整備の推進に係る関係者協議会」[45]に委員を出している団体のうち，特にアクセシブルな電子書籍サービスと関係の深い団体と有識者で構成されている。利用者となる障害者団体として日本視覚障害者団体連合，日本弱視者ネットワーク，日本身体障害者団体連合会，日本発達障害ネットワーク，DPI日本会議，また，サービスを提供する業界団体としてデジタル出版者連盟，電子出版制作・流通協議会，日本書籍出版協会，日本図書館協会，そして有識者として近藤武夫氏（東京大学），植村八潮氏（専修大学）である。

　2021年度は検討会を4回開催し，2022年5月に「図書館におけるアクセシブルな電子書籍サービスに関する検討会令和3年度報告書」[46]を公表した。本報告書は，図書館関係者，電子図書館事業者，視覚障害者等に対する調査を通じて，図書館がアクセシブルな電子書籍等を提供する民間電子書籍サービスを導入するに当たっての課題や今後検討を進める上で踏まえるべき事項を整理したものである。このうち，図表2-11に示すように，障害者団体会員に対する調査結果において，アクセシビリティ機能のうち音声読み上げに対するニーズが，いずれの障害種別においても最も高かったことから，短期的目標として音声読み上げについて取り組むこととした。

　2022年度は検討会を4回開催し，「電子図書館のアクセシビリティ対応ガイドライン1.0（案）」を作成した。そして，2023年7月に，視覚障害者等の読書環境の整備の推進に係る関係者協議会（第9回）において報告し，ガイドラインとしてNDL-HPに公開した。

　ガイドライン1.0は，図表2-11の調査結果を踏まえて，アクセシビリティ機能のうち，音声読み上げを中心に作成された。また，音声読み上げを可能にすることで付随的に可能となることが想定される詳細読み，ナビゲーション機能，文字拡大，点字ディスプレイ表示についても盛り込んだ。一方で，色反転，フォントの変更，文字間・行間の調整，縦横切り替え，ルビ付与，分かち書き，ハイライトについては，中長期的目標として，1.0に盛り込むことを見送った。

45　文部科学省. 視覚障害者等の読書環境の整備の推進に係る関係者協議会. https://www.mext.go.jp/b_menu/shingi/chousa/shougai/043/index.htm，（参照 2023-08-04）.

46　国立国会図書館，図書館におけるアクセシブルな電子書籍サービスに関する検討会. 図書館におけるアクセシブルな電子書籍サービスに関する検討会 令和3年度報告書. 国立国会図書館. 2022. https://www.ndl.go.jp/jp/support/report2021.html，（参照 2023-08-04）.

	全体（n=739）	全盲（n=251）	ロービジョン（n=162）	上肢障害や全身性障害等（n=118）	ディスレクシア（n=103）
音声読み上げ	509 (68.9%)	215 (85.7%)	124 (76.5%)	72 (61.0%)	64 (62.1%)
詳細読み[47]	212 (28.7%)	138 (55.0%)	45 (27.8%)	13 (11.0%)	15 (14.6%)
文字の拡大	209 (28.3%)	4 (1.6%)	85 (52.5%)	49 (41.5%)	45 (43.7%)
色反転	91 (12.3%)	7 (2.8%)	56 (34.6%)	3 (2.5%)	16 (15.5%)
読みやすいフォントへの変更	193 (26.1%)	14 (5.6%)	71 (43.8%)	25 (21.2%)	50 (48.5%)
文字間・行間の調整	170 (23.0%)	14 (5.6%)	51 (31.5%)	29 (24.6%)	53 (51.5%)
縦横の変換	75 (10.1%)	6 (2.4%)	27 (16.7%)	9 (7.6%)	20 (19.4%)
単語へのルビの付与	125 (16.9%)	35 (13.9%)	19 (11.7%)	16 (13.6%)	41 (39.8%)
分かち書き	76 (10.3%)	30 (12.0%)	12 (7.4%)	6 (5.1%)	24 (23.3%)
ハイライト	49 (6.6%)	6 (2.4%)	18 (11.1%)	4 (3.4%)	17 (16.5%)
点字ディスプレイへの表示	124 (16.8%)	103 (41.0%)	16 (9.9%)	4 (3.4%)	2 (1.9%)
その他	50 (6.8%)	6 (2.4%)	2 (1.2%)	0 (0.0%)	0 (0.0%)

　以下にガイドラインの概要を紹介する。

（2）ガイドラインの前提

　ガイドラインの第1章から第4章は，ガイドラインの目的，適用対象となる電子図書館やそのシステム，支援技術の範囲など，ガイドラインの前提について記している。

　ガイドラインの目的は，商用の電子書籍を図書館を通じて提供するサービス（以下「電子図書館」という）を視覚障害者等が利用するにあたって必要なアクセシビリティに係る要件を整理することである。同ガイドラインは，公立図書館，大学図書館，学校図書館（以下「公立図書館等」という）及び電子図書館事業者に活用されることを想定している。

　同ガイドラインが対象とする電子図書館は，図書館が民間事業者と契約し，主に商用の電子書籍を利用者に提供するサービスを範囲とする。また，電子図書館のシステムは，ウェブサイト，ビューア，電子書籍コンテンツから成るが，本ガイドラインでは，このうちウェブサイトとビューアを対象とする。

　ユーザインターフェイスについては，スクリーンリーダーを使用する場合はキーボードを中心に想定する。支援技術については，利用者自身がインストールまたは接続するサードパーティ製のスクリーンリーダーや点字ディスプレイのほか，端末の

47　詳細読みとは，表示されている文字を1文字ずつ確認するため，音読みと訓読みの組み合わせで説明して，音声読み上げすること。例えば，「高」という漢字は「タカイのコウ」と読み上げられる。

OSや標準的なブラウザが提供する文字拡大などの支援技術も対象とする。

（3）運用体制及び運用手順，対応方法

　ガイドラインの第5章は運用体制及び運用手順，第6章は対応方法について記しており，電子図書館のアクセシビリティについて規定する本体に当たる。

　第5章は，電子図書館のアクセシビリティを維持するために，公立図書館等と電子図書館事業者のそれぞれに対して求められる運用体制と運用手順について記している。公立図書館等には，運用体制として公立図書館等の長の役割，組織内での役割分担，また，運用手順として電子図書館アクセシビリティに対する取り組み，取り組みの実行（日々の運用における取り組み，一定期間ごとに計画し実行する取り組み，外部発注などにおける取り組み）を記している。電子図書館事業者には，運用体制として電子図書館事業者に求められること，組織内での役割分担，また，運用手順として電子図書館アクセシビリティ方針の策定，取り組みの実行（日々の運用における取り組み，一定期間ごとに計画し実行する取り組み）を記している。

　第6章は，電子図書館のウェブサイトとビューアのそれぞれにつき，利用者が電子図書館を閲覧する導線に沿って，利用手順ごとに要件を記している。このアクセシビリティ要件は，公立図書館等や電子図書館事業者に利用されることを想定している。具体的な活用場面として，各種図書館においては，電子図書館を調達・導入するための調達仕様を検討する際に，また導入済みの電子図書館のアクセシビリティ対応状況を確認する際等に，このガイドラインを活用することが想定される。電子図書館事業者においては，自社が提供するサービスの開発・改修時において，アクセシビリティの対応項目や優先順位を検討する際に活用することが想定される。

　利用手順ごとに，まず，「概要」として，その画面を構成する主な要素を示し，次に「音声読み上げなどで想定される課題例」として，閲覧に至る場合と至らない場合との分岐点を例示し，そして「アクセシビリティ要件」として，実現することが望ましい要件を示している。さらに，「アクセシビリティ要件」は，各機能またはページのそれぞれにつき，「内容」として，当該アクセシビリティ要件の具体的な実施内容を示し，「参考規格」として，JIS X 8341-3: 2016 や Web Content Accessibility Guidelines，User Agent Accessibility Guidelines などのウェブサイトやビューアのアクセシビリティに関する規格やガイドラインにおける関連する項目と紐づけを行っている。加えて，「アクセシビリティ要件」として記す各機能またはページごとに，JIS X8341-3:2016 などを参考に，1から3の「ステップ」を付与している。各ステップの位置づけは，以下のとおりである。

ステップ1　電子図書館をアクセシブルなものとするために基本的に対応が求められる要件。

ステップ2　電子図書館をアクセシブルなものとするために備えることが望ましい要件。

ステップ3　アクセシビリティ対応の優先度は高くはないが，実装することでより高度なアクセシビリティを達成することが可能な要件あるいは特定のニーズに最適化するための要件。

　一例として，ビューアにおける書籍のナビゲーションに関するアクセシビリティ要件の一つである「支援技術による現在位置の把握と移動」を，以下に引用する。この内容が実施されていない場合，支援技術を使用する環境では，スライドバーやページ情報を利用して，読みたい場所を移動することができなくなる。

■ 6.2.2.3.4. 支援技術による現在位置の把握と移動　【ステップ2】

内容
・　現在位置を示すスライドバーなどにキーボードで移動し，キーボード操作で移動先位置を指定してリターンキーなどまたは他のキーを入力することにより，電子書籍内の移動を行えること。
・　電子書籍に，底本にした紙の書籍と対応したページ情報が付与されている場合，支援技術でページ番号を読み上げ，またページ番号を指定してそのページに移動できるようにすること。
・　現在位置を示すスライドバーなどにキーボードで移動した際に，現在電子書籍全体のどの位置を読んでいるかについて，パーセント表示や分数表示などで位置を示し，またその位置に関する情報を音声で読み上げられるようにすること。

参考規格
・　JIS X8341-3:2016「1.1.1 非テキストコンテンツ（レベル A）」「2.1.1 キーボード（レベル A）」
・　WCAG 2.0 達成方法集「G82 非テキストコンテンツの目的を特定するテキストによる代替を提供する」「G90 キーボードがトリガーとなるイベントハンドラを提供する」「G94 非テキストコンテンツに対して，それと同じ目的を果たし，かつ同じ情報を示す，簡潔なテキストによる代替を提供する」「G95 非テキストコンテンツの簡単な説明を提供する，簡潔なテキストによる代替を提供する」「G202 すべての機能に対してキーボード制御を確保する」「H2 同じリソースに対して隣接する画像とテキストリンクを結合する」「H91 HTML のフォームコントロール及びリンクを使用する」

（4）今後の予定

2022年度までにガイドライン1.0（案）が作成された。今後の予定として特に3点に取り組む。1点目として，ガイドライン1.0の公開と普及を行う。NDLのHPにガイドラインを掲載するとともに，その内容の理解と活用を促進するために，図書館関係者及び出版関係者の集うイベント等に参加して，ガイドラインの紹介を行う。

2点目として，ガイドラインの更新に向けた調査を行う。中長期的目標として1.0に盛り込むことを見送ったアクセシビリティ機能である色反転，フォントの変更，文字間・行間の調整，縦横切り替え，ルビ付与，分かち書き，ハイライトについて，アクセシビリティ要件に関する調査を行う。

3点目として，引き続き検討会を開催する。内容は，ガイドラインの普及，またガイドラインの更新に向けた調査につき，進捗の共有や意見交換等を想定している。

2.4.4　まとめ

以上のように，NDLは，車の両輪，すなわち著作権法第37条に基づいて製作される電子書籍等と，市場で流通する電子書籍等の両者において取り組みを実施している。アクセシブルな電子書籍等が視覚障害者等の手元に届くまでのルートの全体像を図示し，著作権法第37条に基づくものと，市場で流通するものに関するNDLの取り組みを示すと，図表2-12のようになる。

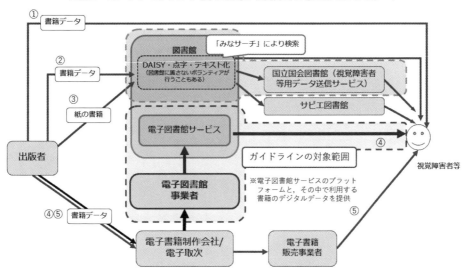

図表2-12　アクセシブルな電子書籍等が視覚障害者等に届くまでのルート

まず，著作権法第37条に基づくものとして，②と③がある。②は，出版者から提供された書籍のデータをもとに，図書館やボランティア等によりDAISY，点字，テ

キストデータが作成され，視覚障害者等に届くというものである。③は，図書館で所蔵されている紙の本や視覚障害者等が購入した紙の本から，図書館やボランティア等によって DAISY，点字，テキストデータ等の視覚障害者等用データが製作され，視覚障害者等に届くというものである。このうち，NDL における③に関する最近の取り組みが，図表 2 - 12 の図内上部の薄い点線で囲った部分であり，具体的な内容は「2.4.2　著作権法第 37 条に基づいて製作される電子書籍等に関する取り組み」に記したものである。

　また，市場で流通するものとして，①④⑤がある。①は，紙の本を購入した視覚障害者等が，出版者に連絡してテキストデータを提供してもらうというものである。④は，書籍の版元，電子書籍制作会社，電子取次を経由し，公立図書館等から電子図書館として視覚障害者等に届くというものである。⑤は，書籍の版元，電子書籍制作会社，電子取次を経由し，電子書籍が直接視覚障害者等に届くというものである。このうち，NDL における④の一部に関する最近の取り組みが，図表 2 - 12 の図内中央部の濃い点線で囲った部分であり，具体的な内容は「2.4.3　市場で流通する電子書籍等に関する取り組み」に記したものである。

　今後も NDL における電子書籍等のアクセシビリティに関する取り組みは，基本計画が求める車の両輪のいずれにも関わる形で，進めていく予定である。読書バリアフリー法の求める，障害の有無にかかわらずすべての国民が文字・活字文化を等しく恵沢できる社会の実現に向けて，さらなるサービスの充実を推し進めていきたい。

2.5　電子図書館事業者のアクセシビリティへの取り組み

2.5.1　アクセシブルライブラリー（株式会社メディアドゥ）

（1）はじめに：アクセシブルライブラリー構想について

　電子出版取次事業の立場から Web 技術の標準化を推進する国際団体「W3C（World Wide Web Consortium）」に加盟し，W3C と深い関係を有する当社は，以前より海外における読書のアクセシビリティについて多くの情報を収集しており，日本での対応について深い関心をもっていた。2019 年 6 月には国内でも「読書バリアフリー法」が施行された。第 3 条においてアクセシブルな書籍，電子書籍などの量的拡充，質の向上を図ることが求められ，国や地方公共団体に対応の責務があると明記されている。出版業界においてもその機運は高まり，アクセシブル・ブックス・サポートセンター（ABSC）設立準備会が発足している。

　当社は電子書籍取次という立場から，国内で商業流通する電子書籍ファイルのほとんどすべてをアーカイブしている。その中には音声読み上げ機能（TTS）で読み上げが可能な EPUB リフロー形式のファイルが 28 万点ほど含まれている。これを有効活用し視覚障害者のための読書のアクセシビリティに貢献できないだろうか，というのが最初の発想であった。

（2）視覚障害者の図書館の利用状況

　視覚障害者の図書館利用に関する現状を調べていくと，利用可能な図書は点字翻訳や音声朗読によるものがほとんどであることがわかった。また，図書の制作はボランティア（著作権法第 37 条 3 項に記載の団体など）の尽力によって人気の図書が優先的に制作されていたため，絶対量が少なくジャンルも偏っており，さらに全国での共有が充分とはいえない状況であった。点字図書についても，国内に約 30 万人（2016 年厚生労働省推計）とされる視覚障害者のうち，日常的に点字を使っている方は全体の 10% に満たないため，利用できる方は限られている。

　一方 TTS による音声自動読み上げについては，電子書籍ファイル自体に読み上げのための完全な情報が入らない限り，おそらく将来にわたって完璧なものは出現しないだろうという日本語特有の問題点があった。そこで，視覚障害者と著作権者へヒアリングを行ったところ，意外な結果が得られた。視覚障害者は，不完全であっても TTS の利用によってアクセスできる出版物が飛躍的に増加することを強く望んでお

り，また，高速で読み上げを聞くため，通常のAudiobookや朗読では聞きづらさを感じていることが判明した。一方で著作権者からは，TTSが作品を多少読み間違っても視覚障害者が問題ないというのであれば，著作権者としては気にしないという反応が多数であった。

　以上のような状況を踏まえ，著作権者，出版社，自治体などの関係者が受け入れ可能な社会的事業として，電子書籍をTTSで読み上げる視覚障害者向けの電子図書館サブスクリプション・サービス「アクセシブルライブラリー」を構想した。

（3）アクセシブルライブラリー開発
　サービス構成において重要視したポイントは以下である。
- a）電子書籍流通ビジネスの一環としてサービスを構築
  - ・著作権者・出版社への分配が発生するサービスモデルとする
- b）著作権者，出版社の許諾を得た作品の提供
  - ・アクセシブルライブラリーの目的，ビジネスモデルを理解していただき許諾を得る
- c）当社が預かるEPUBリフローファイルをそのまま利活用できるシステム
  - ・本サービスのために新たなファイルを作成する負担が生じない
- d）視覚障害者の利用に特化したUIと，高速でも聞き取りやすいTTSシステム
  - ・テキスト構成のサービスサイト，JIS8341-3 2016 AAに準拠し，スマートフォン，タブレット，PCで利用しやすいサイトを構築
  - ・視覚障害者の利用実態に合わせ，高速で再生されても聞き取りやすいTTSエンジンを開発
  - ・開発には視覚障害者のメンバーが加わり障害者の利便性を最重視
- e）市町村区／市町村区図書館の協力で利用対象者を視覚障害者に限る
  - ・a）c）に関連し，利用対象者を障害者手帳（視覚障害種別）にて明確化する
- f）市町村区／市町村区図書館が利用しやすいビジネスモデルで提供する
  - ・サービス維持と技術的アップデートに最小限必要なメディアドゥの手数料や，通常電子書籍の半分程度の著者・出版者への配分料率によって，自治体が利用しやすい低額利用料を設定
  - ・人口に応じた年間定額制（サブスクリプションモデル）とし，自治体の予算獲得を容易にする
  - ・図書館を設置する自治体が費用を負担し，視覚障害者は無料で利用可能

（4）アクセシブルライブラリー・サービスの概要図と利用について

①概要

- ・サービスサイトはメディアドゥが管理，運営
- ・市町村区，市町村区図書館を対象とし，月額契約にてサービス提供
- ・「アクセシブルライブラリーカード」を必要部数契約先に提供
- ・契約先は，視覚障害者に対してカード配布，管理をおこなう

②利用方法

- ・契約先自治体に居住の視覚障害者は，アクセシブルライブラリーカードを取得する
- ・利用者はカード記載のQRコードをスマホやタブレットに読み取らせることで，介助無しでもサービスにアクセスできる
- ・利用者はスマートフォン，タブレット，PCのスクリーンリーダー機能にてサイトメニューを認識し，読みたい（聞きたい）作品を選択する
- ・作品の音声読み上げには速度の変更機能や，読み上げ話者の変更（男声，女声など8種類）機能が搭載されている

図表2-13　アクセシブルライブラリー概要図

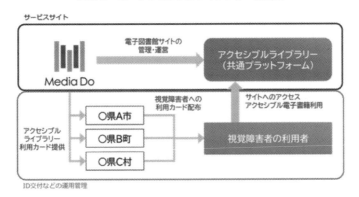

図表2-14　アクセシブルライブラリーカード

（5）アクセシブルライブラリーのサービス開始

　2022 年 6 月より，サービスを開始した。2023 年 10 月現在，提供出版社数は 15 社，提供作品数は 16,500 点，導入自治体数は 93 自治体である。

■導入自治体

2022 年	6 月	京都府宇治市
	7 月	石川県加賀市
		新潟県三条市
	10 月	東京都江戸川区
		大阪府熊取町
		大阪府柏原市
	12 月	福岡県八女市
2023 年	2 月	愛知県知立市
	3 月	群馬県前橋市
	4 月	福岡県苅田町
		徳島県三好市
	5 月	神奈川県綾瀬市
		デジとしょ信州（長野県全 77 市町村）
	6 月	広島県福山市
		三重県玉城町
	7 月	埼玉県熊谷市
	10 月	北海道芽室町

■協力出版社（五十音順）

株式会社アルファポリス

インプレスグループ（株式会社インプレス，株式会社リットーミュージック，株式会社エムディエヌコーポレーション，株式会社山と溪谷社，株式会社天夢人，株式会社 ICE，株式会社近代科学社）

ゴマブックス株式会社

株式会社実業之日本社

株式会社主婦の友社

スターツ出版株式会社

株式会社竹書房

株式会社日本文芸社

特定非営利活動法人 HON.jp

提供作品のジャンルは小説が最も多く，次いでライトノベルや自己啓発系が続く。図書館の音声朗読図書では取り揃えの少ないジャンルを提供できるところも，アクセシブルライブラリーの魅力として評価いただいている。

　また，アクセシブルライブラリーカードの提供方法にも自治体ごとにさまざまな工夫が行われている。図書館が窓口となって配布するケースの他，自治体内の福祉に関連する部署と連携してより広く配布を行う自治体もある。

（6）メディアでの掲載，登壇，受賞歴

　アクセシブルライブラリーの開始以降，メディアでの掲載や登壇依頼の他，サービスの座組や取り組みそのものについてもたくさんの評価をいただいている。

　2022年10月には，デジタル庁主催の「good digital award」にて，エンターテインメント部門優秀賞，部門最優秀賞を受賞し，さらに全9部門の最優秀賞であるグランプリも獲得した。また，2022年12月には，日本電子出版協会（JEPA）主催の「JEPA電子出版アワード」においてエクセレント・サービス賞を受賞，さらに全5部門の中から選ばれる電子出版アワード大賞も受賞した。

　名誉ある数々の賞は，アクセシブルライブラリーの開発に協力してくださった全国の視覚障害者に贈られたものだと考えている。

■メディア掲載，受賞歴，登壇歴
　2022年 3 月　毎日新聞「視覚障害者用の電子図書館システム，リリースへ　音声で読み上げ」掲載
　　　　　10月　デジタル庁「good digital award 2022」グランプリ受賞
　　　　　12月　日本電子出版協会「JEPA電子出版アワード2022」電子出版アワード大賞受賞
　　　　　　　　朝日新聞デジタル「視覚障害者に，読み上げ電子図書館　1万4千点が無料」掲載
　2023年 1 月　マイナビニュース「『視覚障害者にアクセシブルな読書体験を』どこまでも広がる電子書籍の可能性」掲載
　　　　　 3 月　日本出版学会「第8回出版アクセシビリティ研究部会」登壇
　　　　　　　　YBSラジオ（山梨放送）「ラジオライトハウス」出演
　　　　　 7 月　ローカル・マニフェスト推進連盟「地方議会サミット2023」登壇

（7）今後の課題

　最大の課題は提供コンテンツ数を増やすことであるが，その際に問題となるのが，出版社と著作権者の契約である。こうしたサービスに関する条項は通常の出版契約に含まれていないため，あらためて許諾を取る作業が発生し，出版社の負担となっている。現状の売上規模では，契約交渉および売上発生後の印税処理などの手間を考えて，多くの出版社が参加を躊躇する状況にある。多くの著作権者が理解を示してくださっている一方で，実務的な負担の増加が高いハードルになっていると考えられる。

　システム面では，出版物に含まれる図表をどう扱うかという課題がある。現在，EPUB リフローファイルに含まれている画像データは，その内容についてのテキスト情報が含まれていない限り，TTS で画像を説明することはできない。アクセシブルライブラリーでは，視覚障害者の意見によって，画像の存在を示すために「画像」と読み上げる仕様となっている。

　視覚障害のある子どもたちが待ち望むマンガの扱いも今後の課題である。こうした子どもたちの多くは弱視者であり，マンガの絵柄は把握できても吹き出しの中の文字が読めない。本システムでこれが解決できると，多くの子どもたちにとって福音となる。

　本サービスのように社会的役割のあるものは，その維持継続も重要な課題である。できるだけ多くの自治体に契約していただき，できるだけ多くの出版社・著作権者に参加していただくことで本事業を継続することが可能になる。また，新しい技術の進化や，社会状況の変化によっては，他のサービスとの連携も重要な課題になり得ると考えている。

2.5.2　LibrariE&TRC‐DL のアクセシブル対応

（1）はじめに

　株式会社図書館流通センター（以下，TRC と略記）は「LibrariE & TRC‐DL」のサービス名称で，前身となる「TRC‐DL」のサービス提供を 2010 年度に開始して以降，主に全国の公共図書館，及び全国の公立小中学校に向けての電子書籍サービス（電子図書館サービス）の事業を展開している。

　2023 年 6 月 1 日現在，全国 332 件の自治体での契約数／サイト数の導入実績で，市町村間での広域／圏域契約（全国 6 カ所）を加味すれば，全国 351 件の自治体においてサービスを供給している。現在日本の総人口：約 1 億 2,610 万人に対して，サービス利用可能人口は，上記 351 件の自治体の対象人口は約 6,400 万人であり，日本の人口の 50% 以上の国民が，「LibrariE & TRC‐DL」のサービスを利用できる状況となっている。

（2）LibrariE & TRC‐DL の主な活動／あゆみ

2010 年度	堺市立図書館「TRC‐DL」サービスイン（2011 年 1 月〜）
2012 〜 13 年度	札幌市にて実証実験
2014 年度	札幌市にて新「TRC‐DL」稼働
2015 〜 16 年度	兵庫県／三田市にてアクセシビリティの実証実験 （「障害者差別解消法」の対応に向けて）
2016 年度	「テキスト版サイト（視覚障害者向け利用支援サイト）」提供開始 JDLS（株式会社日本電子図書館サービス）との協業開始 （「LibrariE & TRC‐DL」スタート）
2018 年度	播磨科学公園都市圏域定住自立圏（兵庫県／たつの市・穴粟市・ 上郡町・佐用町の 4 市町合同）にて広域連携モデル開始 ビブリオテカとの協業開始（洋書取扱） 沖縄県／久米島町にて図書館未設置自治体／離島地区での実証 実験（2020 年〜本稼働）
2019 年度	アクセシビリティ総務省ガイドライン「AA」準拠 （JIS X 8341-3）
2020 年度	コロナ禍による急激な導入拡大
2022 年度	「児童書読み放題パック」（計 4 パック）の販売開始 「TRC‐DL マガジン」の販売開始 東大阪市にて学校連携の事例紹介（文科省事務連絡） 導入自治体が 300 件に達す，サービス利用人口が 50% に達す
2023 年度	「児童書読み放題パック」（計 25 〜 28 パック）の大幅拡大販売 開始

（3）「テキスト版サイト」（視覚障害者向け利用支援サイト）の開発に向けて

　2016 年 4 月に施行予定である「障害者差別解消法」を見据えて，全盲の視覚障害者でも独力で検索・貸出・閲覧・返却等が電子図書館サービス上で行えることを基本コンセプトとして，視覚障害者向け利用支援サイトの開発を行うべく，関係者間での協議を開始。

　その開発過程において，2014 年度より兵庫県／三田市立図書館（全 3 館）にて TRC が指定管理者として図書館運営を担い，同年秋には電子図書館サービスを開始した関係性から，三田市にて視覚障害者向け利用支援サイトの開発プロセスにおいての実証実験を協業する大日本印刷株式会社（DNP）とともに 2015 年度より実施した。三田市の自治体関係者ならびに市内の福祉団体関係者，立命館大学の学識者等から全面的に協力支援をいただきながら実施。この実証実験を通じて試行錯誤を繰り返しながら，「障害者差別解消法」の施行に合わせて「テキストサイト版」をリリース。

図表２-15　三田市内での実証実験風景

（4）「テキスト版サイト」（視覚障害者向け利用支援サイト）の概要

　電子書籍自体が音声読み上げ対応でアクセシブルであっても，その電子書籍にたどり着くまでの操作，読み上げ再生させるための操作もアクセシブルであることを開発の基本として設計。マウスを使用しないで，スクリーンリーダー（視覚障害者等がマウス等を使わずに音声情報でPC操作するためのソフト）の音声を頼りにキーボード操作が可能な設計とした。

図表２-16　テキスト版サイトの操作画面

タイトル：吾輩は猫である　著者名：夏目 漱石 著

再生	停止	ページ送り	ページ戻し	ちょい送り	ちょい戻し
ポジション	目次	しおりをつける	しおりへとぶ	ページジャンプ	ジャンプ元へ戻る
読み上げ速さアップ	読み上げ速さダウン	読み上げ量アップ	読み上げ量ダウン	音量アップ	音量ダウン
読み上げ音声変更	文字サイズアップ	文字サイズダウン	色反転		

　考しかもあとで聞くとそれは書生という人間中で一番獰悪な種族であったそうだ。この書生というのは時々我々を捕えて煮て食うという話である。しかしその当時は何という考もなかったから別段恐ろしいとも思わなかった。吾輩はここで始めて人間というものを見た。しかもあとで聞くとそれは書生という人間中で一番獰悪な種族であったそうだ。この書生というのは時々我々を捕えて煮て食うという話である。しかしその当時は何という考もなかったから別段恐ろしいとも思わなか

　吾輩は猫である。名前はまだ無い。どこで生れたかとんと見当がつかぬ。何でも薄暗いじめじめした所でニャーニャー泣いていた事だけは記憶している。吾輩はここで始めて人間というものを見た。

吾輩は猫である。名前

→

　「障害者差別解消法」を踏まえて改定された「みんなの公共サイト運用ガイドライン」では，公的機関のホームページ等に JIS X 8341-3:2016 が規定する適合レベル「AA」への準拠を求めている。そこで，LibrariE&TRC－DL のシステムサイトにおいても JIS X8341-3:2016 の適合レベル「AA」に準拠し，ウェブアクセシビリティを実現した。

（5）「テキスト版サイト」（視覚障害者向け利用支援サイト）の主な特色

　主な特色は以下の２点に集約される。
　①「LibrariE&TRC－DL」のサイトに標準搭載
　（2023 年 6 月 1 日現在の全契約／サイト数：332 件のうち 315 件が利用可能）

②障害者手帳保有者のみ等の限定的な利用ではなく弱視やディスレクシア他の幅
　広い方への提供を基本

図表 2 - 17　サービス範囲のイメージ

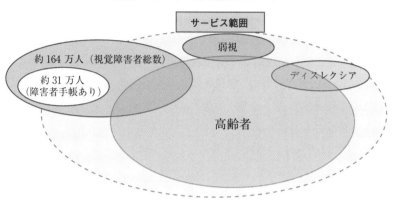

（6）国立国会図書館との提携

　国立国会図書館が中心に行っている「読書バリアフリー環境整備のための電子書籍
市場等の拡大に関する検討会」および「電子図書館のアクセシビリティ対応ガイドラ
イン」の策定においても，国内シェアトップのサービス提供者の立場として TRC も
以前より協力を行っている。これらガイドラインの公開・普及，およびアップデート
に向けた調査においても，引き続き協力していく予定である。

（7）アクセシブルな電子書籍の提供に向けて

　2023 年 6 月 1 日現在，「LibrariE＆TRC - DL」で提供できる和書のコンテンツ数は
約 14 万と，一般書＆児童書分野では国内最大規模のタイトル数となっている。うち「音
声読み上げ」（文字データをコンピュータが機械読み上げする機能）が可能なタイト
ル数は約 24,000 である。今後は，障害者のみならず，社会人や子育て世代，高齢者
ら幅広い世代にもニーズが高いと想定される「録音資料分野」のコンテンツ提供に向
けても，積極的に取り組んでいく予定である。

　また「LibrariE & TRC - DL」では，市販のコンテンツのみならず，地域資料や独
自資料も搭載／発信が可能であるが，PDF 版での地域資料や独自資料にも音声読み
上げ支援機能を技術的に付加することも検討中である。

（8）現在及び今後の動向と展望

①学校との連携

　2022 年 8 月に文科省より全国の自治体に「1 人 1 台の端末環境下における学校図書
館の積極的な活用及び公立図書館の電子書籍貸出サービスとの提携について」と題す

る事務連絡がなされた。GIGA スクール構想で全国の学校市場で導入された端末のより積極的で有効的な活用方法の一つとして，電子図書館サービスがコロナ禍と重なり合いながら注目されたのである。

「LibrariE & TRC‐DL」では，システム機能的に学校関係者（生徒／教職員他）専用の利用者グループの利用登録が可能である。この機能を活用して，公共図書館で運用中のサイト内で一般利用者とは違う学校利用者での利用登録を行い，運用を図っていくことが可能となる。TRC ではこの運用スタイルを「DL 学校連携」と称しているが，現在約 70 自治体がこの DL 学校連携を行っている。

また，「DL 学校連携」の「公共・学校共通のプラットフォーム型」とは違い，学校市場のみで利用する「学校専用プラットフォーム型」の導入も進んできている。1 自治体内で公共：1 サイト，学校：1 サイトと計 2 サイトを並行して運用するスキームで，運用を進める自治体もでてきている。背景として，人口規模が大きい自治体ほど，日々の電子図書館サービスでの業務（選書，利用者登録／管理，サイトのメンテナンス他）において，一般利用者と学校利用者との業務分担が煩雑／複雑になり，運用面でも異なる点が出てくることに起因する。いずれの運用においても，次回のGIGA 端末の入れ替え時期に照準を合わせての学校市場での電子図書館サービスの普及はより加速するであろう。

②サブスクモデル的な電子書籍の提供

前述の DL 学校連携と連動して，学校市場に特にマッチした電子書籍コンテンツの提供を積極的に展開している。2022 年 4 月より販売提供を開始した「児童書読み放題パック」は，講談社 3 パック，KADOKAWA 1 パックでスタート。1 パック 50 ～ 100 点のパッケージング提供で，どのコンテンツも「アクセス無制限」のライセンス形態および 1 年間単位契約での提供となる。生徒数 30 ～ 40 名の 1 クラス単位を中心に，授業や朝読時に同時アクセス無制限で閲読できる読書環境を提供することが可能であり，想定以上の需要があった。2023 年 4 月からは，前述の出版社以外にも小学館，集英社，フレーベル館，Gakken などの出版社にも参画いただき，公共図書館では計 25 パック／約 1,200 点と大幅にパック数を増やしての提供を行っている。コンテンツの内容も「読み物系」のみならず，「調べ学習系」等もラインナップされ，教育的効果は高いと考える。

また 2022 年 4 月には，FMS（富士山マガジンサービス）と提携して電子雑誌サービス「TRC-DL マガジン」の提供も開始した。2023 年 6 月現在のタイトル数は 173 点／誌（バックナンバーを含めると約 2,900 冊）。年間契約（アクセス数は 20 か 50 かの選択制）でパッケージング提供をしている。こちらもニーズが高い。

③国の施策の一環としての電子図書館サービス

2020年度よりのコロナ禍での「図書館パワーアップ事業」としての交付金活用等で全国的に電子図書館サービスが急増したが，今後は「スマートシティ推進事業」や「DX推進事業」の一環と捉えた電子図書館サービスの導入を計画する自治体が増えてくるであろう。すでに「デジタル田園都市国家構想」の交付金を活用して電子図書館サービスの整備を図っている自治体が全国20件以上に及んでいる現状がある。必然的に，電子申請システムと連動しての「非来館型の利用者登録」の他，LibrariE &TRC-DLのシステム性能／機能面においても改善強化が求められるはずであり，それらに積極的に対応／対処していく予定である。

④導入後の普及啓発／利用促進に向けて

電子図書館サービス導入後は，利用促進に向けた普及啓発活動が重要となってくるが，まだまだ課題が山積している。2022年度頃より，電子図書館サービス導入の効果を測定し，分析／把握のうえで，普及啓発・利用促進につなげていこうとする自治体がいくつか出てきている。定量面（各種利用統計データ）と定性面（アンケート実施等での利用者の声他）の両面から高精度のクロス集計等での分析を相対的に行い，サービス向上につなげていく流れである。TRCとしても可能な限り積極的にこの効果測定等への協力支援を行い，精度の高い電子図書館サービスの普及に向けて貢献できればと考えている。またその延長線上または到達点として「新たな図書館評価指標」

につながれば幸いである。

（9）さいごに

　2011年1月に堺市において初導入された電子図書館サービスは，2019年度頃までは，公共図書館市場においてはまだ「特別なサービス」であった。2020年度よりコロナ禍の影響下で急激に導入が伸び，特別なサービスから「当り前のサービス」に時代の変化とともに浸透し，社会インフラの一つとして位置づけられてきている。

　紙書籍と電子書籍の比較等をされるケースが多い。紙書籍は◎○で電子書籍は△×という議論は発展性がないし，TRCとしても紙書籍を△×とすることは決してない。紙書籍，電子書籍もそれぞれ一長一短があり，しばらくはサービス面や運営面で共存共栄していきながらの「ハイブリッドライブラリー」的なサービスやインフラが求められ，すでにその方向で実践またはめざそうとしている自治体も地域性や人口規模数を問わずに数多くある。それとともに，ライブラリアンに求められるスキル／レベル等も必然と変わってくるであろうし，そうでなければならないと考える。図書館総合支援企業の立場として，図書館界全体に引き続き貢献できれば幸いである。

3章

多様な電子図書館の導入事例

3.1　「デジとしょ信州」：
長野県民はだれでもいつでもどこからでも

3.1.1　はじめに

　長野県の面積は全都道府県中 4 番目に広く，市町村の数は 77 と北海道に次いで 2 番目に多い。2022 年夏，その長野県の全市町村が参加して「市町村と県による協働電子図書館」（デジとしょ信州）がスタートした。それにより一般社団法人電子出版制作・流通協議会が四半期ごとに調査している「電子図書館（電子書籍サービス）実施図書館」（2022 年 10 月 1 日現在）は，前回（同年 7 月 1 日）に比べて一気に 111 自治体（県と市町村），3 桁のプラスとなった。

　長野県の公共図書館の特徴の一つとして，1995 年から広域図書館情報ネットワークがいくつか構築されてきたことがあげられる。現在,上田地域図書館情報ネットワーク（1995 年開始）,諏訪広域図書館情報ネットワーク（1995 年開始），南信州図書館ネットワーク（2011 年開始）の 3 つがある。県域が広い長野県では，従来から広域単位で展開している行政サービスが多く，図書館の情報システムネットワークもその一つとして取り組まれるのは自然なことであり，協働の土壌があったものと思われる。とはいえ，77 自治体の中には図書館が設置されていない町村も相当数ある。地域を越えて全県がまとまるまでにはかなりの議論と検討が重ねられたものと考えられる。

　『県立長野図書館概要』には,2021 年度から「長野県 eLibrary 計画」が盛り込まれ,そのなかで「市町村図書館と連携した全県的な「電子書籍サービス」の新規導入について検討する」と記載されている。翌 2022 年度には「「電子書籍サービス」を導入する」とあり，そのとおり実行された。短期間で順調に「デジとしょ信州」は実現したように思われるが，実際はどのような状況だったのだろうか。

　本節では，協働電子図書館運営委員会委員長の森いづみ県立長野図書館長，同副委員長・総括会議議長の鈴木康之坂城町立図書館長，選書部会長の棟田聖子松川村図書館長へのインタビュー（2023 年 5 月 2 日・7 月 31 日）と「デジとしょ信州」のサイトで公開されている資料などをもとに報告する。

3.1.2　「デジとしょ信州」の経緯

　「デジとしょ信州」サービス開始までの簡単な経緯を図表 3 - 1 に示す。
　鈴木坂城町立図書館長によれば，コロナ禍前から，県内の市町村図書館の館長が集

図表 3-1　「デジとしょ信州」の経緯

2019 年 10 月	台風の浸水被害により千曲市立更埴図書館 2020 年 1 月 14 日まで休館
2020 年 4 – 5 月	新型コロナ感染症拡大により第 1 回緊急事態宣言 長野県内の公共図書館の約 70% が休館（全国 92%）
2020 年 6 月	高森町電子図書館サービスを開始
2020 年 10 月	館長研修会において，「長野県 eLibrary」構想に基づき，電子書籍の全県的な導入について提案提出
2021 年 1 月	県内公立図書館に「電子書籍貸出サービスに関するアンケート」実施
2021 年 8 月	長野県先端技術活用推進協議会の下に「市町村と県による協働電子図書館（仮称）」協働構築研究 WG 設置し事業内容やスキーム等を検討
2022 年 3 月	「協働電子図書館構築業務公募型プロポーザル」を実施。株式会社メディアドゥを選定
2022 年 4 月	WG に代わり「市町村と県による協働電子図書館運営委員会」を組織し，規約やルール等を整備
2022 年 8 月	市町村と県による協働電子図書館「デジとしょ信州」サービス開始

まる場で，「電子書籍，電子図書館をやらなきゃいけないね」という話は出ていたという。坂城町は上田地域図書館情報ネットワークに参加しており，近隣の上田市や東御市と日頃から電子図書館についても意見交換をしていた。

　コロナ禍以外にも，長野県内の公共図書館は令和元年東日本台風により図書館サービスが一定期間ストップする事態を経験している。2019 年 10 月，千曲市立更埴図書館は，千曲川の氾濫による浸水被害のため翌年の 1 月半ばまで休館を余儀なくされた。

　2020 年 4 月から 5 月にかけて，新型コロナ感染症拡大により第 1 回緊急事態宣言が出され，長野県内の公共図書館の約 70% が休館した（全国の公共図書館の 92% が休館）。県南部の高森町が 6 月初めに県内公共図書館に先駆けて，電子図書館サービス「高森ほんとも Web Library」（OverDrive）を開始し，学校連携（英語学習など）や地域資料のデジタル化を意識したサービスで全国的にも話題となる。高森町はコロナ禍前からいち早く準備を進めていた（現在は「デジとしょ信州」に参加し，単独では休止）。

　県立長野図書館では，横断検索やデジタルアーカイブなどで構成される地域情報のポータルサイト「信州ナレッジスクエア」を構築して 3 月に公開し，さらにデジタル化，ネットワーク化を進展させようとしていた。4 月に県立長野図書館に着任した森館長は，コロナ禍における図書館サービス拡充のため，県立図書館による電子書籍サービスの導入を県教育委員会に提案した。その際，教育長から「all 信州電子図書館」というキーワードで，「県立図書館だけではなくて，市町村と一緒にやれないか」との示唆を得た。市町村と県とが各々の役割分担を活かして協働するとすれば，県がシステム基盤や場づくりを担い，一般書のコンテンツ費や選書を市町村が担うモデルがあり得るのではないかと考えた。これは，大学図書館での経験を踏まえている。国立情報学研究所と各大学にはプラットフォーマーとコンテンツサプライヤーのような関係性がある。県立図書館と市町村図書館にもそのような関係性があり得るのではない

かと考え，10月の県内館長研修会で電子書籍の全県的な導入について提案した。坂城町を始めとして，既に電子書籍の導入を検討していた自治体から前向きな反応があり，プロジェクトが動き出した。

（1）市町村ニーズ把握のためアンケート実施

　市町村と県との協働事業とするためには，しっかりしたスキームが必要である。県立図書館は県教委の所管課と検討を重ね，市町村のニーズや取り組み状況等を確認するために，県内公立図書館 56 館に対してアンケートを行うこととなった。2020 年 12 月から 2021 年 1 月にかけて行われた調査の結果は次のようなものだった。

　　・導入検討状況
　　　導入済：1 館，検討中：11 館，未検討：40 館，導入予定：0 館　その他：4 館
　　・導入に向けての課題
　　　「予算の確保」約 9 割，「運用方法に関する懸念」約 8 割，「コンテンツに関する懸念」約 7 割
　　・望ましい導入の方法
　　　「コンテンツの選定，利用方法の検討，利用支援のあり方等について，市町村を越えた連携ができること」7 割，「試行的にサービスが行えること」や「複数の市町村が連携して導入できること」5 割，「単独での導入が望ましい」3 館

（2）協働電子図書館事業を DX 戦略の流れのなかに位置づけ

　国の「新型コロナウイルス感染症対応地方創生臨時交付金」が創設され，その計画提出締切りに間に合わせて電子図書館を導入する自治体が多かった。長野県では，検討中の図書館と未検討の図書館ではかなりの温度差があり，すべての自治体にとって納得感のある事業のあり方を見いだすまでには，困難な道のりがあった。

　図書館も書店もあるような大きな市では，独自に電子図書館を導入できる予算獲得の可能性もあるが，県内には公立図書館のない自治体も多く，県内すべての自治体がそれぞれ電子図書館サービスを導入することは極めて困難であることが予測された。このままでは，読書環境の格差がますます大きくなってしまうことも，大きな課題だった。

　一方で，新型コロナ感染症で電子図書館の優先順位が上がった。また，それだけでなく次のような背景や状況が重なり，だんだん協働電子図書館の検討に加わる自治体が増えていった。

　　・国が DX 化を打ち出し，市町村も DX を推進している。その流れのなかで市町村図書館は電子図書館については役所と話がしやすくなった。
　　・長野県は千曲市の台風被害が大きかった。災害の甚大化など，コロナ以外でも図書館サービスが続けられないことが今後も起こり得ることは動機になった。

・読書バリアフリー法の成立，コロナ禍による GIGA スクール構想の前倒しがあった。

2021 年 8 月，「長野県 DX 戦略」に基づき，県内 77 市町村が参加する「長野県先端技術活用推進協議会」（事務局：県 DX 推進課）が設置され，その下に，「市町村と県による協働電子図書館（仮称）」協働構築研究ワーキンググループ（以下，WG という）が設けられた。WG には，当初は全 77 市町村のうち 34 市町村と 2 広域連合が参加した。同協議会はもともと県内すべての自治体が参加している場であり，テーマごとの WG の一つとして協働電子図書館 WG があるので，WG に入っていなくても，議事録や資料は初回からすべての市町村に公開されていた。

（3）県内全市町村の参加を目指す

WG で検討を重ねるなか，市町村と県による協働電子図書館の構想は，市町村が県の事業に乗るのではなく市町村が主体となり，県は基盤を支えるというスキームを明確にしたことで，大きく動き出した。市町村からも「皆でやりましょう」「全県でやりましょう」という雰囲気が少しずつ醸成されたという。

WG では，自治体担当者向けに事業説明会を開催し理解促進につとめたほか，県教委からは市長会，町村会等を通じて首長や教育長へも説明を重ねた。また，財源に関連することとして，公益財団法人長野県市町村振興協会に「宝くじ助成金」獲得の可能性について相談し，長野県市町村自治振興組合とは各自治体からの負担金の徴収方法等について相談している。WG メンバーは，延べ 50 回ものオンライン会議で検討を進めながら，フル回転で賛同の輪を広げていった。WG においては，事業目的に沿った役割分担や費用負担等のスキームのほか，電子書籍サービス提供事業者の選定に向けた仕様書の作成，協働でサービスを行うためのシステム的な要件の検討，利用登録の方法，選書基準，広報のあり方等，多岐にわたる検討・調整が行われた。

並行して，当時の県立長野図書館副館長が公立図書館未設置の 21 町村（2021 年時点。現在は 20 町村）の公民館図書室をすべて訪問し，それぞれの町村の事情に寄り添いながら，状況や活動を聴き取るとともに，協働電子図書館について検討していることを情報共有していった。そうした積み重ねもあって，徐々に WG に参加する自治体が増えた。

2022 年 3 月末に「市町村と県による協働電子図書館」の公募型プロポーザルを実施し，株式会社メディアドゥの「OverDrive Japan」を選定した。同時期に，県立長野図書館は専門書・学術書の電子書籍サービス「KinoDen」（株式会社紀伊國屋書店）導入を決定している。

2022 年 4 月，WG に代わり「市町村と県による協働電子図書館運営委員会」（事務局：県立長野図書館）を組織した。夏休みに間に合わせたいと，規約や要綱の整備など，さまざまな準備が急ピッチで進められた。

3.1.3 「デジとしょ信州」サービス開始

（1）「協働電子図書館」の体制

　2022年8月5日，「デジとしょ信州」のサービスが開始された。オープニングセレモニーには，各市町村から首長や教育長等，多くの関係者がオンラインで集まった。

　市町村と県による協働のコンセプトは，概念図（図表3-2）でわかりやすく示されている。電子書籍は77市町村が拠出する負担金によって購入し，プラットフォームは県立図書館が維持する。電子図書館は，県立図書館，市町村立図書館，公民館図書室が支え，県民はだれでもいつでもどこからでも利用することができる。

図表3-2　「デジとしょ信州」の概念図　令和5（2023）年度版[1]

　「デジとしょ信州」の協働の体制は，市町村と県による協働電子図書館運営委員会で構築されている（図表3-3）。運営委員会には実務面の決定機関である総括会議が置かれ，利用登録部会，選書部会，利用者支援・広報部会，システム部会がそれぞれいくつかの具体的な実務を担う。2023度からは重点取組として，読書バリアフリー，学校連携，オリジナルコンテンツのチームが設置された。

1　https://www.knowledge.pref.nagano.lg.jp/documents/319/digitoshoimage2023.png（参照2023-11-07）.

図表 3-3　市町村と県による協働電子図書館（「デジとしょ信州」）運営委員会組織図（2022 年 11 月現在）

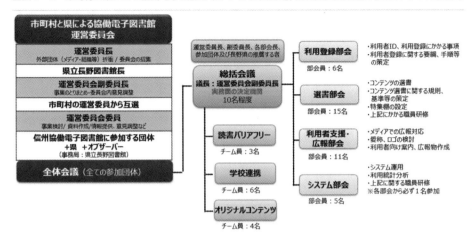

出典：全国初県内 77 市町村との協働電子図書館「デジとしょ信州」[2]

　次に「デジとしょ信州」の協働の体制や活動状況について，個別のテーマごとに詳細をみていくこととしたい。

（2）利用者登録と利用統計

　「市町村と県による協働電子図書館事業規約」には，利用者の ID 登録及び ID 管理は参加団体である市町村と県が行うことになっている。つまり，すべての市町村と県が管理者 ID をもつことができる。利用者は，居住地・通勤通学先の図書館または県立図書館で登録を申請する。転居により居住地が県内他市町村に変わった場合は，前居住地での登録は抹消し，新居住地で再度利用登録を行う。県立図書館から利用者ID の交付を受けている場合は，再交付も県立図書館に申し出る。

　利用者 ID は，識別番号（市町村か県）＋市区町村コード＋利用者生年＋市町村・県の図書館利用カード番号で構成されている。この仕様により，市町村ごとの利用実態の統計がとれ，年代・世代ごとの利用動向が見えてくる。ニーズの把握ができ，選書の参考にされる。2023 年 5 月末現在で登録数は累計 12,141 人である。

　なお，貸出点数は 1 人につき 2 点以内，期間は 1 回につき 7 日以内，延長は 7 日間で 1 回のみ。同時予約は 2 点以内で，取り置き期間は 3 日間となっている。

（3）選書とコレクション構築

　電子書籍コンテンツの選定を行うのは参加団体すなわち市町村であることは「事業規約」に明記されている。県立長野図書館は選定・決定にかかわる調整は行うが，コ

　2　https://www.knowledge.pref.nagano.lg.jp/documents/319/gikaisummit_20230705_rev2.pdf，（参照 2023-11-07）.

ンテンツ選定・決定には関わらない。

　コンテンツの選定は「コンテンツ選書基本方針」「コンテンツ選書基準」さらに年度ごとの「コンテンツ選書の手順」に則り行われる。まず，市町村が選書リストを選書部会に提出し，部会はそのリストをもとに選定リストを作成する。部会にはコンテンツのジャンルごとに調整グループが置かれており，合議により購入候補リストが作成される。選書部会は選書部会長と各調整グループ代表による選定会議で購入コンテンツリストを決定する。

　最初の年は選書部会が想定していた2倍ほどの金額の資料リストが全県から集まり，そこから選書部会で絞った。部会員は分野ごとに担当を決めて，何千冊にもなるリストから選定する。「小さな公民館図書室からも選定希望があるのは嬉しい」と選書部会長の棟田聖子松川村図書館長はいう。選定会議はすべてオンラインで行っている。複数の図書館から希望のあったものや，部会員全員が二重丸をつけたものなどは購入する。

　購入コンテンツには買切型（購入したライセンスを永続的に利用できる）と制限型（2年間ないし52回貸出など期間・回数制限がある）がある。すでに貸出回数が52回の制限を超えたコンテンツがいくつか出たので，改めて購入した。電子書籍は紙の本に比べて，金額はかなり高い。しかし，電子書籍は延滞がなく，「デジとしょ信州」の場合は貸出期間を1週間に設定したことから，回転率からみればリーズナブルともいえる。しかし，2年の期限がくるとコンテンツ数はガタっと減ってしまう。減った分を補う予算を出し続けられればよいが，買切型を入れてコレクション構築をしていかない限り，減る一方となる。2022年度は，結果として買切型と制限型の割合が約半々となった。今後も，だいたいこの割合を維持していくことを想定しつつ，コレクション構築の方向性としては，目新しくはなくても基本的なコンテンツを入れていく。

　市町村の負担金額や選書方針については，継続して運営委員会が考えていくこととなっている。「デジとしょ信州」ではさまざまなステークホルダーにとって，サービスの持続可能性が担保できるあり方を検討していくことが，重要な課題だと考えているという。

　2023年5月末現在で「デジとしょ信州」のコンテンツ数は21,200点（うち購入9,990点，青空文庫11,196点，オリジナルコンテンツ23点）である。

（4）広報の連携

　利用者支援・広報部会では，ポスターやチラシなどの広報ツールのひな形を作成し，各自治体でカスタマイズして使えるようにしている。2020年1月のアンケートでは広報も自治体ごとに行うのは大変だという声が上がっていた。ひな形や素材となるデータは図書館員だけが見ることができるポータルサイトに置いている。実際，図表3-3の概念図は多くの市町村の広報で活用されている。

「デジとしょ信州」がスタートした時，多くの市町村で自治体広報誌による広報が行われた。DX特集のなかでＤＸ推進の一つとして「デジとしょ信州」が紹介された市や，市の公式YouTubeチャンネルで紹介された例もある。

（5）DX部門との連携

広報だけでなく，県や市町村のDX化の流れのなかに事業を位置づけられたことは協働電子図書館の実現に向けて極めて有効だった。WGは県のDX推進課が事務局を担い，運営委員会方式になってからも県のDX推進担当者がオブザーバで出席し，助言を行っている。市町村からも運営委員会にDX担当が出席し，助言者として大きな役割を担った自治体があった。多くは図書館担当者もしくは教育委員会の関係者が参加したが，その場合も自治体の中でDX担当との調整がなされていたようである。

各市町村で地域資料の電子化を進めているが，これもDX化推進の流れで計画が前倒しされたり，予算が取りやすくなったりしているケースがあるという。

（6）費用分担

「デジとしょ信州」の費用は，「運営規程」で市町村と県がそれぞれの役割に応じて次のように分担することが定められている。

・参加団体（市町村）が購入することとした電子書籍アクセス権に係る費用は市町村が負担する。各市町村の負担金の割合は均等割10%，人口割90%。
・システム利用費（プラットフォーム費用）は県が負担する。
・システム設定費（初期構築費用）は県が負担する。

事業初年度となる2022年度のコンテンツ費は，初期コンテンツ費として県が800万円，市町村が800万円を負担することになっていた。しかし，全市町村の参加が実現したことにより公益財団法人長野県市町村振興協会による宝くじ助成事業から2,000万円が得られたため，市町村の負担はなしとなった。2023年度は，コンテンツ費800万円を77の市町村で上記のとおり分担する。加えて宝くじ助成事業から1,800万円の助成が得られた。

（7）利用状況と重点取組

現状で「デジとしょ信州」はどの程度利用されているだろうか。2022年8月のサービス開始から2023年5月末現在まで10カ月間の利用状況は次のとおりである。

利用登録者数：12,141人

すべての市町村で利用登録があるものの，まだ県民の0.6%にとどまっている。学校連携による一括登録がある地域では顕著な伸びがある。

貸出数：67,512冊

40代が最も多く全体の21%を占める。次いで50代（19%），30代（16%）が

多い（図表3-4）。

　貸出が多い時間帯は20〜21時台。リアルな図書館とは異なる電子図書館ならではの利用傾向がはっきり出ており、図書館を利用しづらい現役世代にリーチしているといえるだろう。

　スタートまでは枠組みを整えることが最優先であったが、本来の事業目的であるすべての県民が居住する地域や世代の違い等にかかわらず情報（電子書籍）にアクセスできる環境の実現に向けて、「読書バリアフリー」「学校教育との連携」「地域資料の充実」の機能を整備するための課題解決チームを2022年11月に設置した。

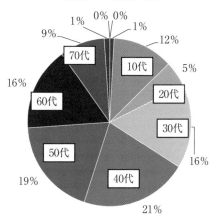

図表3-4　貸出者年代

10代
20代
30代
40代
50代
60代
70代

0% 0%
1%
1%
12%
5%
16%
21%
19%
16%
9%

出典：全国初県内77市町村との協働電子図書館「デジとしょ信州」[3]

　2023年度は、障害者等への支援にも配慮しながら次の重点取組を行っている。

　読書バリアフリーは、視覚障害者向け電子図書館サービス「アクセシブルライブラリー」（メディアドゥ）を導入した。福祉関係団体と連携して有効なアクセシビリティサービス展開を検討している。「アクセシブルライブラリー」以外にも、電子書籍ならではの特徴を生かしつつ、電子書籍以外の手段も組み合わせながら、より多くの人たちにサービスが届くよう総合的に検討していく予定である。

　学校連携については、高森町、佐久市、安曇野市で、学校からの依頼によってIDを一括登録し、地域学習や英語学習に活用している事例がある。学校連携チームで、学校への説明資料を作成するほか、選書部会と連携して児童向けの「読み放題パック」も導入して、学校の授業での活用など連携方策を検討する。

　地域資料に関しては、オリジナルコンテンツチームが検討を行い、「信州の資料」のページを設けた。先行した高森町の資料をはじめ、生坂村の村誌とふるさとの偉人を漫画化した電子書籍を「デジとしょ信州」に搭載している。これからも、自治体が著作権を持つ資料を電子書籍化していくため、マニュアルの整備等を行う予定である。

　また、1人1台端末の活用につながる児童生徒に加え、自治体職員・教職員等の登録促進も図るため、電子申請サポート動画や窓口未設置自治体の支援などの登録サポートを行う。検索機能の改善などは、システム部会を通じてサービス提供事業者へ働きかけている。

3　https://www.knowledge.pref.nagano.lg.jp/documents/319/gikaisummit_20230705_rev2.pdf

（8）県内出版関係者参加のフォーラム開催

　県立長野図書館では，図書館職員だけでなく，公共図書館向けの電子図書館サービス提供事業者や出版社とその関連業界，地域の書店などにも参加を呼び掛け，フォーラムを続けている（例えば『電子図書館，どう育てる？～本の「つくり手」と「よみ手」をつなぐために，私たちができること』（2022 年 9 月 9 日開催））。

　さまざまなステークホルダーとの対話のチャンネルを開き，本音で話せる間柄になっていきたいという。過去のフォーラムに参加してくれた県内出版社とは一緒になって取り組んでいける部分を見いだしていこうという方向性が見えてきたので，それを大切したいという。県内出版社のなかには図書館向けに電子書籍を提供することに前向きな姿勢を示してくれたところもある。

3.1.4　「デジとしょ信州」の影響とこれから

（1）出版社・著作権者等と共に進みたい

　「デジとしょ信州」は 77 市町村と県が一つの電子図書館の導入・運営で協働する，これまで前例のなかった試みである。「デジとしょ信州」のあり方については，賛否両論があるのではないだろうか。電子書籍に限らず，図書館は出版文化があるからこそ，機能を果たすことができる。著作権者と出版社にきちんと利益があることが大前提だと，「デジとしょ信州」の関係者は認識している。出版文化に貢献でき，利用者にとってより良い電子図書館とは，どのような姿なのだろうか。引き続き，ステークホルダーと対話し，共に考えていきたいと願っている。そのためにも，事業の背景や経緯，目的等をまとめた「事業の概要」をウェブサイトに掲載するなど，プロジェクトのスタンスや方向性等を可能な限り公開するよう努めている。

　「デジとしょ信州」の統計からは，ビジネスマンや，従来は子どものための本を多く借りる傾向のあった子育て世代が自分のために実用書を借りるといった，リアルな図書館と利用層が異なる新しい姿が見えてきた。これからの選書は，コンテンツとターゲットを見ながら考えたい。利用傾向を示しながら，ニーズのある分野について，公共図書館向けの電子書籍について具体的な提案がしていけるのではないかという。

　長野県の図書館蔵書横断検索「信州ブックサーチ」では，リアルな図書館の蔵書検索だけでなく，「デジとしょ信州」も「KinoDen」も横断検索できる。検索結果から「デジとしょ信州」で貸出中となった場合，地元書店の情報にリンクできないか検討しているところだという。

　豊かな読書環境は当然のことながら図書館だけで実現できるわけではない。著者や出版社，書店等があってはじめて図書館のサービスが成立している。それぞれのステークホルダーへの深いリスペクトを持ちつつ，共に，地方創生に向けて取り組んでいきたいと考えている。

（2）OverDrive 社へのインパクト

「デジとしょ信州」には，OverDrive 社が日本に注目するきっかけとなる効果もあった。2022 年 11 月に OverDrive 創業者で CEO のスティーブ・ポタシュ（Steve Potash）氏が，メディアドゥと共に長野県に立ち寄った。ポタシュ氏によるオンラインの講演会のほか，「デジとしょ信州」についてのプレゼンテーションも行った。日本では長野県での取り組みが初めてだが，アメリカでは州単位のプロジェクトはめずらしくない。アメリカをはじめとしてこれまで電子図書館のさまざまな経験をしているポタシュ氏に「デジとしょ信州」を知ってもらいたいという意図があった。結果，読書環境の選択肢を増やすことを域内の全自治体で取り組んでいる「デジとしょ信州」をポタシュ氏は高く評価した。

協働電子図書館の運営委員会はその際に，日本の図書館ニーズに則した「要望書」をポタシュ氏に手渡している。この機会をとらえて CEO に直接要望した効果は大きく，早速，メディアドゥとの協議も行われ，機能が改善された。

（3）「デジとしょ信州」は全国のモデルになるか

「デジとしょ信州」が全国のモデルになるかと尋ねると，このモデルがそのまま広がるとは思っていないと関係者はいう。

長野県内は，各市町村において電子書籍サービスの未導入・未検討が多かったため，比較的スムーズに協働で取り組むことができた。また，身近に高森町の取り組みがあったからこそ，実現が可能になった。市町村図書館と県立図書館の関係性は，都道府県ごとにさまざまではないだろうか。それぞれの地域が，それぞれのやり方で，結果として日本全体の読書環境が豊かになっていくのが良いのではないか。

長野県に関しては，とても良いタイミングでとても良い動きができて，多くの困難を乗り越えながら，いろいろなことがうまく収まった。市町村と県とがフラットな関係でそれぞれの役割を果たし，皆が主体的に考えて利用者のニーズに沿った良いシステムができたという。

長野県には市が 19，町村が 58 ある。市の図書館設置率は 100％だが，町村の設置率は 65.5％にとどまっている。このような図書館サービスの偏りが，デジタルなサービスで拡大されるのではなく，デジタルだからこそ地理的条件を越えて，県民すべてに新たな読書環境を提供できる。これを実現しようとしているのが「デジとしょ信州」の試みだといえる。居住する地域による情報格差をなくしていく「公正な社会づくり」をめざし，これまでの電子書籍サービス提供事業者のモデルにはなかった形を，図書館側が新たに提示した枠組みだった。それだけに，図書館の論理だけが先行する形ではなく，関係者すべてに資する仕組みをつくっていきたい。なによりも，住民の暮らしや学びの環境充実を第一に考えながら，これからの展開を共に考えていきたいということである。

（4）「デジとしょ信州」の効果

「デジとしょ信州」を契機に，県内の図書館にこれまでなかったいろいろな連携やつながりができた。今まで地域のなかでは図書館員同士が話す機会はあったが，地域を越えて県内で話せる人ができた。「デジとしょ信州」でできたのだから，他のことも一緒にできるよね」という声も，多く聞かれるという。なにより，「デジとしょ信州」の検討過程でさまざまな立場の関係者が議論を重ねたことは，自分たちの地域におけるこれからの暮らしや学び，働くことに関わる DX を考える機会ともなった。

教育委員会のなかでも，学校と図書館は部署が違うために連携は難しいところがあるが，校長や ICT 活用に興味のある教員と「デジとしょ信州」をどう使うか話し合っており，連携・協力の良い機会になっているという。また「デジとしょ信州」によって，図書館の DX が進んだという事例もある。

図書館は通常，住民の 2 割か 3 割くらいにしか利用されていないと言われている。今まで図書館はどういうものか知らず，興味をもっていなかった人が，電子書籍サービスで図書館に気づき，図書館はいろんなことをやっているんだと興味をもってくれるようになるとよい。「デジとしょ信州」がきっかけになって図書館の利用が増えるようになったら理想的だ。実際に高齢の方が，「最近，「デジとしょ信州」ってやっているんだよね」と言って図書館に来ることがある。また，長野県の高齢化率が高いある村では，安否確認や健康管理のために 65 歳以上の人全員にタブレットを配っているが，そこに「デジとしょ信州」のアプリも予めインストールしてあるという。

3.1.5　おわりに

日本の公共図書館の電子書籍サービスは，2020 年のコロナ禍を契機に急速に普及が進んだが，今後もこのサービスが持続的に発展していくためにはいくつかの課題がある。「デジとしょ信州」の事例とともにこれらの問題について少し触れておきたい。

一つ目は，コンテンツ維持のための予算である。「新型コロナウイルス感染症対応地方創生臨時交付金」で電子書籍サービスを導入した図書館は多い。それに代わって今は「デジタル田園都市国家構想交付金」を充てている図書館が多い（令和 4 年度第 2 次補正予算で決定された事業のうち，図書館に関するものは 41 件でそのうち事業名から電子図書館と推定されるのは 3 分 1 以上ある）。導入時はそれらで経費を調達できたとしても，継続的なコンテンツ費が確保できなければ維持できなくなる。すでに述べたとおり，制限型のコンテンツは，2 年あるいは制限回数に達すればなくなってしまい蓄積できない。制限型コンテンツの購入が多いと思われる日本に対して，メディアドゥによればアメリカの OverDrive では 85％以上が買切型で販売されているという。そうであればコレクションの蓄積ができるだろう。図書館としては，継続的な予算確保に努めるとともに出版社に柔軟な販売方法を求める努力をしていく必要が

ある。「デジとしょ信州」では，単独で実施するよりは費用面・運用面の負担を軽くして継続できるようにしている。それとともに制限型と買切型のバランスも考慮しながら選書を行い，オリジナルコンテンツの増加に取り組んでいる。

　次に人材と体制の問題がある。電子書籍サービスも担当する人材が重要だ。複数人で担当できればよいが，一人だけというところも多い。孤立しないで他館の担当者と情報共有や交流ができるとよい。「デジとしょ信州」のような協働の仕組みがあれば，OJT の機会にもできる。他の都道府県でも電子書籍をテーマとした研究集会が開催されるようになった。都道府県立図書館には，事例発表にとどまらず，担当者のネットワークづくりにつながるような支援も望みたい。

　そして利用が停滞してくるという問題だ。電子書籍サービス導入当初は登録も利用も多くあったが，一定期間が過ぎるとコンテンツの追加がされない限り，頭打ちになる傾向はどこでもみられる。「デジとしょ信州」では学校連携などを進めているところは若い層の利用が伸びているという。高森町など，紙の本とデジタルの本を自分で自由に選んで読書する子どもたちの事例が報告されている。リアルな図書館と「デジとしょ信州」を同時に一斉登録する学校も出てきている。身近に先行している好事例があれば近隣自治体も参考にできる。

　「デジとしょ信州」は，すべての住民にとっての「読書・情報の基盤づくり」と「公正な社会づくり」に寄与することをめざしている。協働電子図書館を共に構築し，共に育てながら，それぞれの市町村が主体的に取り組むことによって，地域の状況に応じた読書や学びの選択肢を広げていく。ここから未来に向けて人々が知識を獲得し，読書文化が豊かになっていく事例が多く生まれることを期待したい。

3.2 「比企広域電子図書館 比企 e ライブラリ」の導入と運営

3.2.1 はじめに

「比企広域電子図書館 比企 e ライブラリ」(以下,比企広域電子図書館)は,埼玉県比企地域にある東松山市・滑川町・嵐山町・小川町・川島町・吉見町・ときがわ町の 1 市 6 町で運営する広域電子図書館である。サービスの開始は 2022 年 9 月,広域電子図書館としては全国で 6 番目であった。本節では,比企広域電子図書館の事例を紹介する。

3.2.2 比企広域電子図書館の導入の必要性

比企広域電子図書館のある埼玉県においては,2021 年 9 月時点ですでに全 64 自治体のうち 13 自治体で電子図書館が導入されており,導入数は全国的に見ても多い自治体であった(2023 年 4 月現在は 37 自治体が電子図書館導入)。そのようなことから,比企地区の町でも電子図書館の導入を検討したが,町単独での導入は困難であるとの判断がされていた。

導入の際,ネックになるのは,電子図書館のコストである。電子図書館サービス事業者に電子図書館サービスの実施に係る費用を確認したところ,電子図書館サービスクラウドシステム導入に係るイニシャルコストとともに,その後の運営に必要なシステムの使用料,電子書籍コンテンツ料などのランニングコストが将来に向けても財政負担となることがわかった。

電子図書館で提供する電子書籍は,1 コンテンツ当たりの単価が紙の本と比較し約 2 ～ 3 倍となるため,小規模な自治体では,電子書籍を図書館として機能させ,かつ住民のニーズに応じて相当数そろえることは,コスト面で大きな障害となった。

また,電子図書館を開館後も,継続的に魅力のあるコンテンツを相当数維持するためには,自治体の財政負担は大きく,財源に余裕のない自治体,特に町村においては,単独での導入が困難であった。

3.2.3 広域による電子図書館導入に至った経緯

前述の理由により,電子図書館を小規模な自治体単独で導入することは困難である

ことから，比企地域の自治体の教育長で協議し，賛同した自治体により共同で導入運営できないかとの検討が始まった。

　まずは，先進例を参考に検証を始めたが，複数の自治体で一つの電子図書館サービスを運営する「広域電子図書館」は，当時全国でも3館（播磨科学公園都市圏域定住自立圏電子図書館（兵庫県），きくち圏域電子図書館（熊本県），たまな圏域電子図書館（熊本県））しかなく，それらのうち2カ所はもともと組織されていた市町村広域事業圏で導入しており，1カ所は市が導入した電子図書館に他の町が参画した形である。比企広域電子図書館のように複数の自治体が集まって新たに共同体を組織し，導入に係る体制や方法，その後の運営まで協議を進めて，電子図書館の導入に至ったケースは当時事例がなかった。

　そこで，広域電子図書館の設立が可能かどうか，複数の電子図書館サービス事業者に確認したところ，事業者側でも本件をパイロットモデルとする方向で話を進めることとなり，改めて広域での電子図書館サービスの実現をめざし，協議を本格化した。広域で電子図書館を運営する場合のメリット・デメリットを検証した結果，単独で運営するよりもスケールメリットがあり，コストという最大の課題について解消の見通しが明確になった。

3.2.4　比企広域電子図書館の開館に至るまで

（1）導入に至るまでの経過と電子図書館推進協議会の設立
①比企地域教育長会での協議
　教育長会において，電子図書館導入が可能かの検討を行い，各自治体で首長との調整も図りながら意向をまとめた結果，複数の市町が電子図書館の広域導入に参加の意志があることが確認された。2021年12月から導入についての具体的な協議を開始し，まずは参加市町の図書館担当者を中心に情報交換を始めた。
②図書館担当者での協議
　導入の可能性，課題や検討事項を明らかにするとともに，新型コロナウイルス感染症対応地方創生臨時交付金の活用の有無及び参加意向の確認などを行った。

　2022年1月，調査結果をまとめ参加意向の把握を行い，2月には広域電子図書館の諸課題についてリモート会議を重ね，3月には参加意向のある市町の教育長で比企広域電子図書館推進協議会を設立し，導入に向けた正式な協議を始めた。各市町の状況から協議会への参加意向を示した市町は7市町（東松山市，滑川町，嵐山町，小川町，ときがわ町，川島町，吉見町）であった。

　導入及びその後の運営のための経費については参加市町の負担金で賄うこととし，その負担割合は住民サービス，広域での継続運用の観点から，協議により決定し協定書を締結した。人口規模は7市町で約20万人，他の電子図書館の初年度購入タイト

ル数を参考に約3,000タイトル（内有期限コンテンツ2,000，無期限コンテンツ1,000）を常時確保できる規模として経費を算定し，参加市町で按分することとした。

（2）導入に係る予算の確保と電子図書館利用者の検討

予算については，導入及びその後の運営を踏まえ，長期を見通した経費の積算を行い，そこから協定書に基づき各市町の負担金を算定した。各市町において算定された負担金について財政担当と調整を図り，それぞれ予算措置を行った。また，新型コロナウイルス感染症対応地方創生臨時交付金を活用し，財源充当した自治体もあった。

住民福祉サービスの充実という観点とコンテンツの規模を考慮し，電子図書館の利用者については，当面，参加自治体の住民に限定することとした。

（3）学校との連携

学校との連携については，当面，住民福祉サービスの充実という観点とコンテンツの規模を考慮し利用者を住民に限定したことにより，電子図書館の導入当初には着手せず，導入後に推進協議会で検討していくこととした。

（4）負担金額

電子図書館の初期導入費，クラウド及び電子書籍（コンテンツ）の使用料については，住民サービスの観点から各自治体の人口割をベースに算定することとし，それら負担金の割合については「電子図書館の共同利用に関する協定書」において締結し，代表市町の請求により納付すると取り決めた。

（5）電子図書館事業者との契約について

電子図書館事業者との契約については，代表市町と電子図書館事業者が締結することとした。参加市町は代表市町に負担金を支払い，それを契約金額に充てる。なお，代表市町は滑川町とした。

①電子図書館事業者の選定

電子図書館事業者を選定するにあたっては，公募型プロポーザル方式を取り入れ，審査委員を参加市町の図書館関係者と有識者で構成した。2022年5月31日に審査会を開催し，書類審査及び提案事業者からのプレゼンによって審査をした。その結果，株式会社図書館流通センター（TRC）が，優先交渉権者として選定された。

②審査内容

審査内容としては，電子図書館についての業務等の実績，業務実施体制及び従事予定者の経験・能力，システムの特徴・セールスポイント，導入スケジュール，セキュリティ対策及び運用維持管理等，利用促進事業支援，電子書籍の充実度・ライセンス内容，本業務に係る費用の8項目を審査し，決定した。

③契約締結

　2022年7月に滑川町と株式会社図書館流通センターとで5年の長期継続契約を締結し，比企広域電子図書館がスタートすることとなった。

（6）役割分担

　比企広域電子図書館の導入及び運営にあたっての各市町の役割分担は，協議の結果以下のとおりとした（図表3-5・3-6も参照）。

　コンテンツ担当　　：東松山市，（滑川町）

　ホームページ担当：川島町，吉見町，嵐山町

　運用担当　　　　：小川町，ときがわ町

　事務局担当：滑川町

図表3-5　役割とその内容

コンテンツ担当	ホームページ担当	運用担当	事務局担当
・選書方針提案 ・選書方法提案 ・コンテンツ選書・調整 ・独自資料（郷土資料）データ依頼	・サイト構築のためのシート作成 ・ホームページ告知 ・リンクバナー作成 ・特集等トップページ作成 ・独自資料データ登録	・広報掲載準備 ・宣伝ちらし作成 ・利用案内作成 ・ID/PW登録方法 ・操作説明会（管理・職員・利用）	・協定書作成 ・負担金納付願制定 ・納付請求願い ・契約 ・コンテンツ発注・検収 ・各担当への連絡調整，集約等 ・システムエラー対応

図表3-6　比企広域電子図書館における各自治体組織との関係

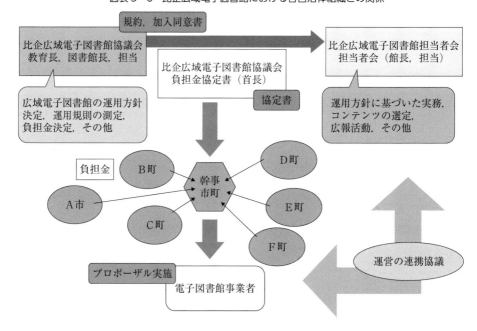

（7）比企広域電子図書館の開館時の概要

開館日時：2022 年 9 月 1 日　午前 10 時

コンテンツ数：1,728 タイトル

ライセンス種別コンテンツ数：

期限あり（使用回数や年数に上限がある）811 タイトル

期限なし（著作権期間内ではあるが使用期限はないもの）417 タイトル

制限なし（著作権期間を過ぎたパブリックドメイン作品）500 タイトル

分野別コンテンツ数：

総記 13，哲学 31，歴史 71，社会科学 42，自然科学 47，技術・工学・工業 77，産業 22，芸術・美術 44，言語 55，文学 827，児童 499　計 1,728 タイトル

（8）比企広域電子図書館の現在の概要

2023 年 6 月現在の規模は以下のとおり。

コンテンツ数：2,101 タイトル

ライセンス種別コンテンツ数：

期限あり 1,104 タイトル

期限なし 497 タイトル

制限なし 500 タイトル

分野別コンテンツ数：

総記 22，哲学 41，歴史 156，社会科学 82，自然科学 117，技術・工学・工業 105，産業 46，芸術・美術 71，言語 60，文学 1,240，音楽・声楽 161　計 2,101 タイトル

読み上げ対応コンテンツ数：977 タイトル

登録者数：1,780 人

（9）住民への周知方法

　各市町の広報（2022 年 8 月号）に一斉に記事を掲載した。また，7 市町で統一のポスター・チラシ（図表 3-7）を作成し，各市町の図書館および関係機関で掲示・配布するなど，周知活動を行った。また，各市町の図書館のホームページには電子図書館の案内を掲載した。

（10）電子図書館利用登録者手続き

　図書館利用カード（券）と住所が確認できる証明書をもって，在住市町の公立図書館窓口で利用者登録をする。登録後，電子図書館の利用者 ID とパスワードが発行される。

図表 3-7　電子図書館チラシ

パソコンやスマートフォン，タブレットから「比企広域電子図書館 比企 e ライブラリ」サイトにアクセスし，利用者 ID とパスワードを入力してログインすることで，貸出・返却等のサービスが受けられる。

（11）電子図書館の貸出内容

　　貸出冊数：一人 3 冊まで

　　貸出期限：貸出日を含め 15 日間

　　その他のサービス：

　　　予約サービス（借りたい書籍が貸し出されている場合は，予約できる）

　　　取置きサービス（予約した書籍を 8 日間取り置くことができる）

　　　閲覧サービス（比企広域電子図書館内にある電子書籍を閲覧できる）

3.2.5　取り組みの成果・効果

　多様化するニーズに対して，今までとは違ったアプローチにより図書館サービスを提供できていることから，読書活動の推進を図ることができたと考えている。今回導入した比企広域電子図書館における年代別貸出利用率では，30 代以降で利用されて

いる傾向があり，最も高かった年代は，40代の23.6%となっている。

また，貸出のランキングを見ると，絵本や実用書（料理本や収納など），小説などがよく借りられている。音声付きのコンテンツを借り，家事などの作業をしながら，利用しているケースもみられることから，多様な読書機会の提供にも寄与していると言える。

3.2.6　取り組みの評価と課題

各自治体の教育長の協議会形式で実行できたため，財政部局の理解が得られて協議がスムーズに進められた。しかし，今回の比企広域電子図書館のような短期で事務手続きを進めるためには，司書など図書館担当者だけではなく，契約事務，広報等の行政事務に精通した事務担当者にも参加してもらうとさらによい。また，単独ではなく，広域で導入したことによるメリットとしては，まず，電子図書館の導入及び維持にかかるコストの負担を軽減することができたことがあげられる。また，各市町の図書館担当職員は少ないため，7市町が役割分担をすることで電子図書館を運営していく上で業務の負担軽減に繋がった。

課題としては次のことが考えられる。

まず，サービスを開始して1年弱の現在，住民や地域の子どもなどの読書推進の一助となったが，住民の利用者率はまだ高くない状況にある。利用動向をみると，音と動画で楽しむリッチコンテンツの絵本は人気があり，貸出数も多い。このような利用実績を踏まえ，電子書籍コンテンツの選書に対応していくことが必要である。

次に，コンテンツ数，電子図書館利用拡大の工夫があげられる。電子書籍を定期的に購入するとともに，利用促進についても他市の情報を収集し，協議し推進していくことにより，充実を図っている段階である。サービス開始から一定期間が経過した後に登録者数が伸び悩む時期があるため，周知方法，利用案内など，継続的な利用者増加に向けた対策を講じる必要がある。

また，子どもの読書活動にどのように生かせるか検討する必要もある。

3.2.7　今後の展望

今後はオンラインでの利用登録の導入，電子書籍や雑誌の読み放題パック導入など，電子図書館利用者の利便性を高める取り組みが必要と考えている。

さらに，利用できる電子資料の充実として，各自治体が発行している各自治体の市・町史や文化財発掘調査書などの郷土資料を電子化し，電子図書館を通じて閲覧可能とすることも検討している。

利用者の拡大として，若年層の取り込みも検討している。小中学生は，学校から1

人 1 台タブレット PC が貸与されていることもあり，デジタル社会に対応した読書環境の整備，多様な子どもの読書機会の確保，ひいては不読率の低減にもつながると考えている。そこで，電子図書館を利用したおはなし会，利用者向けの操作説明会等の電子図書館等の利点を周知するためのイベント開催も検討している。

　広域電子図書館を始めたことから，周辺の自治体との情報交換，担当者とのネットワークがより充実したものとなり，共同イベントの話も持ち上がっている。各自治体のデジタルサービスの一環としての比企広域電子図書館であるが，この取り組みをきっかけとし，より良い読書環境の整備に比企広域で協働して取り組んでいきたい。

3.3　浦添市電子図書館 1 年目の取り組み

3.3.1　浦添市電子図書館オープン

　浦添市電子図書館は，新型コロナウイルス感染症等による外出自粛時における図書館サービスの充実，読書推進，市民の利便性向上を目的とし，新型コロナウイルス感染症対応地方創生臨時交付金を活用して，2022 年 2 月 1 日に約 3 千タイトルでオープンした。

　オープン時には，市の関係機関へチラシ配布，市広報誌や新聞への掲載で周知を図った。また，導入した 2 月 17 日が電子書籍の日であったことから，ラジオ番組でも取り上げられた。そのかいがあってか，導入以前に比べ新規の利用者が増えた。

　2020 年，GIGA スクール構想により，市内小中学校の児童生徒に 1 人 1 台のタブレット端末が配布され ICT 活用環境が整えられたこともあり，夏休み期間に，図書館だけでなく電子図書館も利用してもらおうと，6 月〜7 月の学期末の忙しい中ではあったが，学校の協力を得て，児童生徒約 1,200 名（図表 3 - 8）に利用カードを配布した。そのため，現在（2022 年 8 月）児童生徒の約半分が利用者カードを有していることになる。

　今後は利用カードを持っていなくても電子図書館を利用できるような環境を整えていきたいと考えている。

図表 3 - 8　1 年目利用カード新規登録者数

	2月	3月	4月	5月	6月	7月	8月	9月	10月	11月	12月	1月
登録者数	127	118	173	151	124	1,414	232	107	129	120	68	64

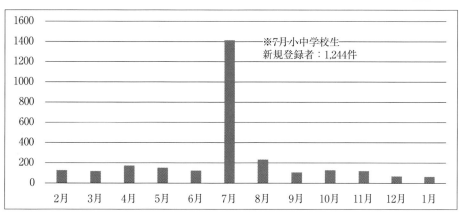

3.3.2　電子図書館成功事例を学ぶ

　2022年9月9日，沖縄県公共図書館連絡協議会主催の「公立図書館における電子図書館やデジタルアーカイブの活用について」と題するスキルアップ研修に参加した。講師は，当時，総務省地域情報化アドバイザー，札幌市中央図書館利用サービス課長を務めていた淺野隆夫氏（現在，札幌市まちづくり政策局政策企画部プロジェクト担当部長兼務札幌市中央図書館調整担当部長）で，氏には翌日，浦添市立図書館でも電子図書館担当者へ研修を行っていただいた。

　その際，コロナ禍前2015年〜2019年の貸出伸び率が5年間で220%という札幌市電子図書館の成功事例を聞いて，浦添市電子図書館でも真似て取り組みたいと考えた。また，コロナ禍の2020年度5月の対前年比231%，2021年度5月対前年度比111%，8月対前年度比132%という素晴らしい結果に感嘆した。

　浦添市電子図書館で取り組めることとして，非商用，独自郷土資料の電子化について調査をスタートした。浦添城跡は首里城以前の琉球王統発祥の地で，市民や観光者に向けた文化財等の地域資料フリーガイドマップが，筆者の知る限りでも30点以上ある。所管課は文化財課や観光振興課，NPO法人うらおそい歴史ガイド友の会が発行し，各々の事業で配布している。

　浦添グスクは，太平洋戦争末期前田高地陣地として有名な場所であり，メル・ギブソン監督のハリウッド映画「ハクソー・リッジ」の舞台になった場所である。市民グループが戦争体験マップを，NPO法人うらおそい歴史ガイド友の会が体験ガイドマップを発行している。

　多くの地域資料の中から，まず文化財等のガイドマップを，札幌市電子図書館のように浦添市電子図書館でフリーに読めるようにすれば，電子図書館のメリット「いつでも，どこでも，だれでも」利用可能となる。市民やGIGAスクール構想下における小中学校での活用にも期待が持て，浦添市電子図書館の魅力ある蔵書になると考えた。

　さて，貸出冊数については，夏休み明けからは減少傾向となり，目標50冊／日に届かない月が続いた。小中学校の冬休み期間の企画として，児童生徒一人当たりの貸出冊数を3冊から6冊に増やしたところ，貸出冊数は伸びたが実利用者数は伸びていない。

　株式会社図書館流通センター（TRC）の提供する電子図書館サービスを導入した全国279電子図書館の2021年10月1日〜2022年9月30日における人口千人当たりの貸出数ランキングでは，浦添市電子図書館は50位であった。

3.3.3　浦添電子図書館 1 年の結果

　1 年目の利用総数は 13,606 冊，1 日平均 37 冊という結果だった（図表 3 - 9）。

　貸出冊数年代別では，6 歳〜 12 歳が 3,445 冊（25.5%）と一番多く，順に 40 代 2,724
冊（20.2%），50 代 2,216 冊（16.4%），30 代 2,002 冊（14.8%）（図表 3 - 10）。30 代，40
代，50 代については全国平均並みの比率だが，6 歳〜 12 歳は全国平均の 2 倍前後の
比率である。実利用者数については，6 歳〜 12 歳が 301 人（22.3%）と一番多く，順
に 40 代 300 人（22.2%），30 代 247 人（18.3%）50 代 188 人（13.9%）と続く（図表
3 - 11）。

　貸出コンテンツタイトルランキング 30 から，1 位は『みんなのチルビー（うごく
えほん）』104 冊，10 位までは「うごくえほんシリーズ」が独占した。11 位『ルール
とマナー（学校では教えてくれない大切なこと）』27 冊，13 位まで「学校では教えて
くれない大切なことシリーズ」。1 位〜 30 位までの中で，えほんが 18 タイトル（60%），
「学校では教えてくれない大切なことシリーズ」の児童書 8 タイトル（26.7%），実用
書 5 類の料理，家計，雑貨の 3 タイトル（10%），参考書 1 タイトル（3%）だった（図
表 3 - 12）。これらの結果を 2 年目の選書に活かしていきたい。

　スマホをよく利用している YA 世代（13 歳〜 22 歳）の実利用者数は 107 人（7.9%）
と少なく，広報戦略を研究するなど増やす取り組みが必要と考える。前期高齢者層（65
歳〜 74 歳）についても，自治会へ出前講座を積極的に案内したいと考えている。

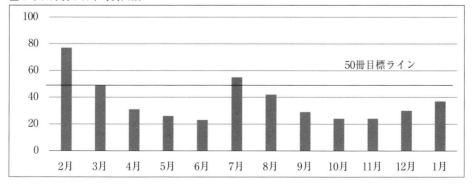

図表 3 - 9　浦添市電子図書館 1 年目実績（単位：冊）

■浦添市電子図書館 1 年目実績（単位：冊）

	2 月	3 月	4 月	5 月	6 月	7 月	8 月	9 月	10 月	11 月	12 月	1 月	年間貸出数
1 日平均	77	49	31	26	23	55	42	29	24	24	30	37	13,606
目標差額	27	-1	-19	-24	-27	5	-8	-21	-26	-26	-20	-13	1 年平均貸出
実利用者数	444	295	207	175	157	366	313	200	169	150	151	157	37

■1 年目月別 1 日平均貸出数

図表 3 - 10　1 年目年齢別貸出冊数

年代	～5歳	6～12歳	12～15歳	16～18歳	19～22歳	23～29歳	30～39歳	40～49歳	50～59歳	60～69歳	70～79歳	80～89歳
貸出冊数	48	3,445	513	116	513	615	2,002	2,724	2,216	1,083	226	4

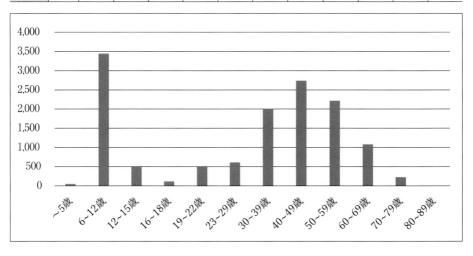

図表 3 - 11　1 年目実利用者数

年代	～5歳	6～12歳	12～15歳	16～18歳	19～22歳	23～29歳	30～39歳	40～49歳	50～59歳	60～69歳	70～79歳	80～89歳
実利用者数	13	301	59	24	24	70	247	300	188	87	34	3

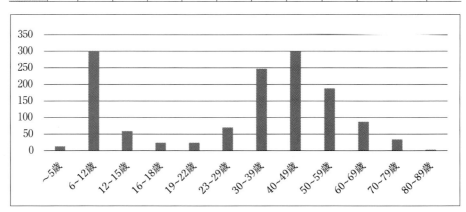

図表 3 - 12　1 年目貸出ランキング 30

No.	コンテンツタイトル	貸出	No.	コンテンツタイトル	貸出
1	みんなのチルビー（うごくえほん）	104	16	999 ひきのきょうだい（うごくえほん）	23
2	あっちゃんのはたけ（うごくえほん）	84	17	お金のこと（学校では教えてくれない大切なこと）	23
3	すっぽんぽんのすけ（うごくえほん）	67	18	ほねほねザウルス 9 まぼろし山のほねほねキング	23
4	つきよのくじら（うごくえほん）	67	19	パンどろぼう	23
5	あなぐまのクリーニングやさん（うごくえほん）	66	20	物のながれ（学校では教えてくれない大切なこと）	23
6	うえへまいりまぁす（うごくえほん）	66	21	さんびきねこのかいぞくごっこ（うごくえほん）	22
7	どうぞのいす（うごくえほん）	66	22	ほねほねザウルス 21 ふっかつ！21 でんせつのﾌｧｲﾔｰﾃｨﾗﾉ	22
8	そらとぶパン（うごくえほん）	56	23	ほねほねザウルス 22 ふっかつ！21 でんせつのﾌｧｲﾔｰﾃｨﾗﾉ	22
9	999 ひきのきょうだいのおひっこし（うごくえほん）	44	24	1 年で 100 万円貯められるゆる貯め家計	21
10	うさぎくんのぼうし（うごくえほん）	34	25	ごろりんごろんころろろろ（うごくえほん）	21
11	ルールとマナー（学校では教えてくれない大切なこと）	27	26	ネットのルール（学校では教えてくれない大切なこと）	21
12	夢のかなえ方（学校では教えてくれない大切なこと）	26	27	メグメグの北欧雑貨とシンプル片づけ生活	21
13	数字に強くなる（学校では教えてくれない大切なこと）	26	28	研究って楽しい（学校では教えてくれない大切なこと）	21
14	忙しくてもでも作れる平日ラクうまごはん	25	29	身近な危険（学校では教えてくれない大切なこと）	21
15	ももたろう	24	30	お笑い英タンゴツキノくまやん 2 基本動詞編	20

3.3.4　浦添市電子図書館 1 周年企画

　2023 年 2 月 1 日からはオープン 2 年目に入るので，「1 周年の企画（2023 年 2 月 1 日〜28 日）」として内容盛りだくさんのイベント企画に挑戦した。2022 年 9 月の研修で淺野隆夫氏から教わった「電子図書館も新築オープンなので，あれもこれもやってみて，市民に知ってもらうことが大切」を念頭に置いた。

　企画内容としては，浦添市立図書館は課題解決の取り組みをコーナー展開しているので，電子図書館でも同様に「メディカルヘルス」「子育て支援」「キャリアビジネス」「コンピュータ」の課題解決型の特集と，「YA」「えほん」のオススメ本コーナーを特集として設けた。各コーナー QR コード入りでチラシを作成し，16 市内小中学校，5 高等学校，5 専門学校，Wi-Fi 設置公民館，新築医療機関等合計 134 カ所に個別訪問し案内を行った。

図表 3 - 13　利用案内チラシ

厚生労働省が2021年12月23日に平均寿命などをまとめた「2020年都道府県別生命表」によると，沖縄県男性はワースト5位。そこで，図書館へ足を運ぶ時間の無い働き盛り世代の男性への呼びかけを目的に，浦添電子図書館のメディカルヘルスコーナー利用案内チラシ（図表3-13）を作成し，浦添商工会議所に会員2,200事業所へ「商工会議所だより」と一緒に配布していただいた。

1周年企画は，市の公式LINEで3回案内し，新聞にも記事が掲載された。

市職員宛としてはPC掲示板に利用カードの案内文を掲載し，内部メールでの受付を可能にした結果，52名の申請があった。

公民館での出前講座は浦西公民館の1カ所で実施した。

2月14日〜17日10時〜14時，市役所ロビーに特設ブースを設け（図表3-14）タブレットでの電子図書館体験会を行ったところ，45名の参加があった。

浦添市立電子図書館オープン時には，新聞記事で大きく取り上げられ，市広報（1/2頁枠）や図書館だよりに案内を掲載し，市公式LINE，図書館公式Twitter等SNSでも発信を行ったので広報は充分と思っていたが，アウトリーチ的な1周年企画によって電子図書館のオープンを知らない市民が大勢いたことに驚いた。

図表3-14　市役所1階ロビー電子図書館特設ブースの様子

3.3.5　浦添市電子図書館の現状と課題を学ぶ

　2023年2月20日，沖縄県公共図書館連絡協議会研修「公共図書館における電子図書館の現状と課題」（講師：専修大学教授野口武悟氏）を受講して，電子図書館は広報戦略（商業施設で体験コーナーを設置する等アウトリーチ的な戦略）とGIGAスクール構想との連携が重要ということが理解できた。

　そこで，2022年9月の札幌市電子図書館に実証実験から関わっている総務省地域情報化アドバイザー淺野隆夫氏による「公立公共図書館における電子図書館やデジタルアーカイブについて」受講，2023年2月の電子図書館元年と言われる2011年から全国の電子図書館の情報に精通している野口武悟氏による「公共図書館における電子図書館導入の現状と課題」受講，そして浦添電子図書館オープンから1年が経過した2023年2月の電子図書館1周年イベント企画実施を通じて，筆者なりに浦添市電子図書館を多くの市民に利用していただくためにやるべきこと考えてみた。

　関係各課が地域資料として電子図書館に所蔵を検討できうる電子データや調査結果（文化財課56，観光振興課6）を所持している。そこで，まずは小中学校の授業で活用できる地域資料の電子図書館所蔵に取り組んでいきたい。

　電子書籍のメリットの一つに書籍が傷まないことがある。それを生かして，これまで紙の本では実現できなかった小中学生用の参考書を数多く所蔵している。シリーズ毎にQRコード付きのチラシを作成して，現在，市内16小中学校図書館や62学童クラブ，11児童センターへ配布・案内しているが，今後，市公式LINEや図書館公式Twitterでの情報発信も検討していきたい。

　他の広報戦略（商業施設や自治会，老人会，児童センター，学童等での出前講座，QRコード付きオススメ電子書籍チラシの各月発行・配布）についても，職員全員で取り組みたいと考えている。

　電子図書館に関してアンケートも実施したいと考えている。

　そして，札幌市電子図書館が行っている電子書籍えほんづくりワークショップの当館での開催に向けて研究を進めていきたい。

3.3.6　これからの浦添市電子図書館の取り組み

　最後に，今後筆者は以下についてわくわくしながら取り組む予定である。
　①自分自身が電子図書館のヘビーユーザーとなってメリットを発信する。
　②電子図書館全国貸出ランキング上位10位までの電子図書館に毎週最低1回はアクセスして研究する。
　③浦添市立図書館での電子図書館体験および電子図書館出前講座の募集を市公式

LINE や図書館公式 Twitter，図書館だよりで毎月 1 回案内することを検討。

④電子書籍オススメ新着 10 タイトルの QR コード付きチラシを隔月で発行して，市内の保育施設やこども園，小中学校図書館，高校，専門学校，自治会，児童センター，学童等で掲示してもらう。加えて PC 職員掲示板に電子書籍新着案内の掲載を検討する。

⑤市内大型商業施設で浦添物産展等の開催があれば，電子図書館体験コーナーの併設を検討する。

⑥利用の多い世代である 6 歳〜 12 歳，30 〜 50 代の貸出電子書籍の分析や，YA 世代（13 歳〜 22 歳），高齢者（65 歳〜），働き盛り世代の利用促進を研究する。

⑦地域資料（浦添市文化財マップ等）を電子図書館へ所蔵して自由に読めるようにする。2023 年 12 月末までの実現をめざしたい。

⑧市内小中学校の全児童生徒が電子図書館を利用できる環境整備及び，地域資料等の電子書籍化について 2024 年 2 月 1 日（2 周年）までに実現できる手法を検討。

⑨開館 2 周年を迎えるにあたり，「広報うらそえ」2024 年 1 月号へ電子図書館特集の掲載を検討する。

3.4 埼玉県立浦和第一女子高校： 電子図書館導入の経緯とその活用

3.4.1 はじめに

　埼玉県立浦和第一女子高校（以下，本校）は，創立 120 年を超える県立の女子伝統校である。本校は県内でも有数の進学校で，女子校ということもあり生徒たちの読書意欲が高い。2022 年 3 月現在の蔵書数は約 5 万 5 千冊。全校生徒は約千人で，2022 年度の生徒一人当たりの年間貸出冊数が約 45.1 冊と貸出利用の多い学校である。

　埼玉県立高校には県立図書館と同採用で，司書資格を持った司書が配置されていて，県内約 150 校を 17 の地区に分けて担当部長職を置き，ネットワーク活動を推進している。筆者は，担当部長兼主任司書という立場で 2018 年に本校に着任し，校務分掌として教務部に所属し，司書教諭を含む教務部図書係教諭 3 人とあわせて 4 人で図書館運営を担っている。

　本校は，2004 年度より 3 年間，県内公立高校としては最初にスーパーサイエンスハイスクール（SSH）に指定され。その後 2 度の継続指定（各 5 年間）を経て，現在も活動を続けている。また，文部科学省がグローバルリーダーの育成を目標としたスーパーグローバルハイスクール（SGH）の指定も受け，国際交流なども積極的に行う学校として，先進的な取り組みを行い，探究学習に力を入れている。

3.4.2 ICT 化の推進

　埼玉県は 2020 年から生徒が自分の端末を持ち込む BYOD 方式で ICT 化を推進しており，校内 10 カ所に Wi-Fi スポットを設置。本校は図書館でも Wi-Fi をつなぐことができる。学校だけでなく，ICT 化の推進が本校図書館の目標でもあり，2021 年度より蔵書検索をクラウド上で行えるようにした。生徒は公共図書館と同じように，自分のスマートフォンやタブレットで本校の蔵書検索をし，マイページにログインして貸出中の本に予約をかけられる。また，予約や督促も埼玉県から付与された各々のメールアドレスにメール配信ができるため，図書館のペーパーレスが実現した。

　埼玉県は Google for Education を採用しており，授業でも Google クラスルームを活用している。図書館も参加任意の図書館クラスルームを立ち上げて，週に 2 回を目安に生徒に情報を発信している。2023 年 6 月現在，このクラスルームには 480 名ほどの生徒が参加している。

図表 3 - 15　「LibFinder クラウド」の検索画面

　図書館の ICT 化が進んだきっかけを考えると，やはり 2020 年の新型コロナウイル
ス感染症による臨時休校だと思う。急な休校だったため，いつまで終わるかわからな
い休校中に，生徒にどう本を届けるかで試行錯誤した。SNS などで他校の様子をリ
サーチし，本校でも図書館ホームページの充実を図り，Google クラスルームなどを
活用して情報発信を行った。また，「カーリル」の学校図書館向け蔵書検索サービス
無償提供を利用し，家庭に本を届ける郵送貸出にもチャレンジした。そのようななか，
電子書籍のトライアルができるという情報が回ってきた。それが，本校が電子書籍導
入に踏み切ったきっかけである。

3.4.3　電子図書館 School e-Library のトライアル

　コロナ休校の間，いろいろな出版社や企業がコンテンツの無料開放を行った。その
情報を聞きつけ，本校でも 2020 年 4 月 20 日から電子図書館 School e-Library の 1 カ
月トライアルを行った。500 名分のパスワードを用意してもらい，生徒には Google
クラスルームを通じて，電子図書館の利用ができることを呼びかけて利用を促した。
　利用したいと申し出た 143 名にパスワードを渡したのだが，実際に利用したのはそ
のうち 130 名だった。School e-Library には，生徒の需要が高い洋書が入っていなかっ
たのが要因の一つだったようだ。
　事後アンケートを取ったところ，申し込んでも電子書籍を利用しなかった人は
37.7％，電子書籍を使ってよかった人は 4.6％だった。
　利用しなかった人に理由を尋ねたところ，
　・やはり電子となると長時間の読書には向かない気がした
　・電子より実際に紙で読むほうが好きだから

・画面を見続けると，目が疲れてしまう

・読みたい本がなかった

などの意見が出され，School e-Library を継続して利用したいという強い意見は出て
こなかった。

　コロナ休校は６月にあけ，紙の本の貸出もできるようになった。電子書籍は紙の本
と違い，所有権ではなく利用権を購入するので一回購入してもずっと使えるわけでは
ない。

　それでも，電子書籍の導入を進めようと思ったのは，洋書のコンテンツを電子書籍
で揃えていきたいと考えたことと，また，コロナで休校になった場合の対応である。

　2020 年に調べたところ，当時，学校図書館で利用できそうな電子書籍は，「School
e-Library」と「LibrariE」の２種類だったので，本校では英語の多読本が豊富な「Li-
brariE」を導入することとして準備を進めた。

3.4.4　電子書籍導入の準備

　2020 年の９月から電子書籍導入について校内で話し合いを持った。英語の多読を
中心に，書籍購入費のうち約 30 万円を毎年電子書籍の購入費にあてるように予算組
をし，更新をはかっていくことにした。

　LibrariE は紀伊國屋書店と図書館流通センターが代理店として扱っており，両方か
ら見積もりをとり，話を聞いて洋書に強い紀伊國屋書店から導入することを決定。
2020 年 12 月に教職員でトライアルを行った。おもに英語の教師に洋書コンテンツを
閲覧してもらい，選書していった。

　電子書籍導入にあたって，収集方針を一部改訂する必要もでてきたので，教務部図
書係で素案を作り教務部会にかけ，職員会議に提案し承認を得た。年度内にサイトを
オープンしたいと考えていたので，2021 年１月にバナーの準備やどこにリンクを貼り，
どんな構成にするか考えた。

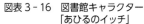

図表３-16　図書館キャラクター
「あひるのイッチ」

　開設準備として行ったことは，

　①貸出日数・冊数など利用条件の設定

　②図書館のロゴとバナーの準備

　③利用者 ID とパスワードの準備

　④コンテンツの選書・発注

　⑤利用者への利用案内の作成

の５つである。

　現在，バナーを作ってリンクを貼っているのは，「青空文庫」「本校の蔵書検索ペー
ジ」「カーリル」「朝日けんさくくん」と「さいたま市立図書館の蔵書検索ページ」で
ある。

さいたま市立図書館は豊富な電子書籍コンテンツを所蔵しており，本校生徒を市立図書館の電子書籍利用につなげたいと考えていたので，市立図書館との調整も行った。運よく，さいたま市図書館も「LibrariE」を採用しており，話はスムーズに進んだ。バナーを用意し，市立図書館の電子書籍サイトに飛ぶようにリンクを貼って，クリックすれば市立図書館の電子書籍に跳べるように工夫した。

新入生オリエンテーションでは，本校の電子書籍について説明するとともに，市立図書館の利用と電子書籍の説明をするようにしている。

3.4.5　電子書籍の利用状況：2021 年 7 月のアンケートから

電子書籍を導入して約半年たった 7 月に全校生徒対象にアンケートをとった。各学年のクラスルームでアンケートをしたが，回答したのは，626 名と全校生徒の約 6 割だった。回答者のうち，電子書籍を借りたことがあると答えたのは約 5％。借りたことがあると答えた人のうち，約 8 割が英語の多読本を読むために借りていた。これは，本校が英語の多読に力をいれているからである。

電子書籍を借りたことがない人に，借りない理由を尋ねたところ，電子書籍があることを知らなかった人が 14.5％，読みたい電子書籍がないと答えた人が 19.6％，電子書籍は好きでないと答えた人が 37.1％だった。

導入してから半年の利用状況をまとめてみると，蔵書は 109 冊，ログイン回数 1,169 回，利用者数 395 人（生徒 377 人，教員 18 人），貸出は 76 タイトル 109 冊，貸出冊数 310 回（英語多読 262 冊，新書 48 冊）だった。

3.4.6　電子書籍の利用状況：2023 年 7 月のアンケートから

2023 年 7 月に同じ内容でアンケートをとってみた。回答は 416 名と少なかったが，クラウドサービス全体の利用率は向上している。蔵書検索サービスを自分のスマートフォンやタブレットで利用したことがあるかという質問に対して，「ある」と答えた人は 95.2％で，「ある」と答えた生徒のほとんどが，授業や課題で必要な本を探すと答えている。授業での図書館利用が定着したおかげである。

電子書籍については，借りたことがあると回答した人が 23.8％に上昇した。1 年生が多読を始める際に，多読のオリエンテーションがあり，そこで電子書籍を実際に開いてもらって貸出の方法などを伝えるようになり，電子書籍も身近なものになったようだ。

3.4.7　電子書籍の収集と選書

　電子書籍の長所として一番にあげられるのは，いつでもどこでも必要な本を読める
ことである。もし，また，急に休校になった場合を想定し，本校では電子書籍の導入
を考えた。しかし，電子書籍は1冊の単価が高く，新書で1冊2,000円〜4,000円。
英語多読でも1冊1,200円くらいしてしまう。

　本校が計上した30万円の予算で購入できる電子書籍は約100冊。2年で200冊だが，
よく利用されているコンテンツを継続して購入することを考えると，全体の予算増額
が望めない限り，電子書籍の所蔵冊数は250冊程度となるだろう。本校の場合，英語
の多読本，新書，ガイドブックなどの実用書で買い替えが必要なものを電子書籍で購
入する方針をたてている。

　最初の年は，英語の多読本と新書を購入した。本校では英語の多読の他に，国語科
で「新書レポート」という取り組みをしており，新書は紙の本で，岩波新書，岩波ジュ
ニア新書，ちくまプリマー新書を全点購入，必要に応じて講談社ブルーバックスを購
入しているのだが，新書レポートの本を借り忘れたという生徒のために，紙で入って
いないレーベルの新書を選定した。

　2年目となる2021年度は，英語の多読本の新シリーズの他に，ちょうどセット割
引がされている「多様性・メンタル」関係の本を購入した。コミックエッセイなども
含まれていたため，電子でも読みやすく評判がよかった。書架に並んでいても借りに
くい心や身体についての本などは，これからも積極的に電子書籍で収集していきたい
と考えている。

　生徒からは小説を入れてほしいという要望もあるのだが，1冊単価が高いため，費
用対効果を考えると現在は厳しい。2022年は，英語の多読の他に，海外と国内のガ
イドブックを購入した。2023年4月現在，488冊の電子書籍を所蔵している。

3.4.8　授業での活用

　本校は英語科が英語の多読に力を入れており，3年間で100万語を読もうというプ
ロジェクトを推進している。本校には約1万冊の英語多読本があり，生徒たちはこぞっ
て紙の本を借りている。しかし，紙の本は活用されると傷んでしまう。多読は電子書
籍が向いているという意見もあり，今後は多読本を電子書籍で揃えていくことにした。

　1年生が7月に多読の進め方のオリエンテーションを受けるのだが，電子書籍を導
入してからは，図書館からも電子書籍の使い方の説明をさせてもらうことにした。電
子書籍の活用状況をみると，夏休み，冬休みなどの長期休暇の際の活用が増える。生
徒も考えて学校が休みの時に電子書籍を利用していることがわかる。

図表 3 - 17　電子図書館サービス「LibrariE」トップ画面

　学習に役立つデーターベースとしては，新聞のデーターベースや国立国会図書館
サーチなどが活用されることが多く，電子書籍は活用されていない。先に述べたが，
本校の電子書籍のコンテンツが，授業利用に向いていない内容だからだ。いまのとこ
ろ，授業で活用しているのは，英語科だけである。

3.4.9　教員の意識

　蔵書検索や電子書籍の活用も含め，生徒にとって，ICT の活用は身近なものになっ
た。しかし，教員の意識はまだまだ低く，電子書籍が入っていることを知らない教員
もいるような状況だ。2023 年 3 月にガイドブックを電子書籍で買ったのだが，同じ
シリーズの紙の本をリクエストされ，「電子で入っていますよ」とお伝えしたところ，
「紙でないと見にくい」と言われ，他校から借りて対応したことがあった。デジタル
コンテンツの活用について否定的な教員もいるなか，授業でどう活用していくかが，
課題の一つである。

3.4.10　学内資料の収集・保存

　本校では，まだ，活用できていないが，LibrariE には学内資料をアーカイブ化する
機能があり，それを活用できたらと考えている。県立高校は司書が一人で図書館を運
営しているため，なかなか手が回らないのが現状だが，探究学習の成果物，学校が発

行する冊子や部活動の機関誌などをデジタルアーカイブ資料としえ保存・活用したい。

　また，今年度から図書館のアカウントでGoogleサイト作成し，探究学習で作成したポスターやスライドを，校内公開すること検討している。電子書籍LibrariEでは，学外へ公開できる生徒の成果物を発信，Googleサイトでは校内向けの発信と，上手に使い分けて収集・保存していきたい。

3.4.11　今後の課題

　生徒へのアンケート結果を見てもわかるように，こちらが広報しているつもりでも電子書籍が入っているのを知らなかったというのがまだまだ存在する。現在は1年生のオリエンテーションでも声をかけ，英語多読のオリエンテーションで電子書籍の紹介をするつもりだが，図書館が積極的に働きかけないと，電子書籍は使われないのが現状である。

　本校の場合，電子書籍を購入するのが年一回で，新刊をコンスタントに購入できる経済力がないなかで，電子書籍をどう活用すればよいのかは大きな課題だ。

　学校図書館の電子化が進み，電子書籍の導入も避けて通れない状況になっている。だが，電子書籍を導入する場合，その目的を明確にし，校内の共通理解を得ていないと，継続した購入・利用は難しい。特に公立学校の場合は，選書の方針を立てて資料収集をしていく必要がある。

　現在，県費で電子書籍を購入する場合，使用料及び賃借料という予算から支出されるのだが，それが図書予算に組み込まれていないため，県費で電子書籍を購入することができない。

　児童生徒1人1台タブレットが浸透し，学校図書館への電子書籍導入もますます促進されていくだろう。しかし，電子書籍こそ，使い方を考えて，生徒に利用促進をしかけていかないと宝の持ち腐れになってしまうのではないだろうか。

　今後，公立学校へ電子書籍が普及していくためには，まずは予算の確保が重要である。GIGAスクール構想の推進を図るなら，県で一括して電子書籍を導入することも含めて，電子書籍導入のための予算化を進めてほしい。

4章

公共図書館における
電子図書館・電子書籍サービス
調査の結果と考察

4.1　調査の目的と方法

4.1.1　調査の背景と目的

　一般社団法人電子出版制作・流通協議会（以下，電流協）では，2013 年から毎年
公共図書館の電子図書館・電子書籍サービス調査を実施しており，今回の 2023 年で
11 回目となった。

　今回の調査においては，基本的な部分は継続的な変化を捉えるためにこれまで実施
してきた調査項目を基本とし，電子書籍サービスを導入した図書館に対する質問など
を増やして実施した。

4.1.2　調査の対象と方法，結果

（1）調査の対象と方法

　調査は，2023 年 7 月から 8 月にかけて，全国の公共図書館を設置する自治体の中
央館および公共図書館は設置していないが電子図書館（電子書籍サービス）を導入し
ている自治体のうち，メールおよび郵送により 1,176 館を対象として依頼した。

　公共図書館の内訳は，都道府県立図書館 47 館，政令指定都市立図書館 20 館，東京
都特別区立図書館 23 館，市町村立図書館 1,086 館の合計 1,176 館である（図表 4 - 1）。

　結果，1,176 館のうち 721 館から回答があり，回答率は 61.3％（昨年 56.4％）であっ
た。

図表 4 - 1　本アンケートの自治体別回収状況

図書館所在の自治体区分（一つ選択）	依頼数	回答数	回収率
（1）都道府県立図書館	47	37	78.7%
（2）政令市立図書館	20	13	65.0%
（3）特別区（東京都）立図書館	23	17	73.9%
（4）市町村立図書館	1,086	654	60.2%
合計	1,176	721	61.3%

（2）調査項目

今回の調査項目は，以下の4項目である。

①電子図書館サービスについて

②電子書籍サービスを導入している図書館への質問

③電子書籍サービスを導入していない図書館への質問

④国立国会図書館「図書館向けデジタル化資料送信サービス」への対応について

⑤自治体 ICT 利用，学校連携について

⑥その他

（3）調査結果

質問ごとに調査結果を示した。継続的な変化を捉えることを目的とした質問については，前回の調査結果との比較や経年の推移もあわせて掲載した。

（4）実施機関，協力機関

本調査は電流協電子図書館・コンテンツ教育利用部会を中心に，公益社団法人日本図書館協会および国立国会図書館，専修大学文学部出版学研究室（担当教員：植村八潮教授），専修大学文学部図書館情報学研究室（担当教員：野口武悟教授）の協力を得て実施した。

以下，本章では公共図書館を図書館と略記する。

4.2　電子図書館サービスの実施状況

4.2.1　電子図書館サービスの実施状況（回答：721館）

　今回のアンケートでは「電子図書館サービス」として「電子書籍サービス」「電子雑誌サービス」「国立国会図書館　図書館向けデジタル化資料送信サービス」「データベース提供サービス」「デジタルアーカイブの提供」「音楽・音声情報配信サービス」の６つの分野についてたずねた（図表4-2）。

　「電子図書館サービス」への取組状況について，「電子書籍サービスを実施している」が325館（45.1%）と昨年2022年の206館（34.3%）から10.8ポイント増加した。

　電流協では，全国の電子書籍サービス導入館を調査しており，調査を依頼した2023年７月１日現在で，全国の508自治体，403電子図書館となっており，そのうちの６割以上の図書館からの回答を得た。

　また，「電子雑誌サービス」については72館（10.0%），「国立国会図書館 図書館向けデジタル化資料送信サービス」については303館（42.0%）から実施しているとの回答を得た。「オンラインデータベース提供サービス」の実施は294館（40.8%），「デジタルアーカイブの提供」の実施館は157館（21.8%），「音楽・音声情報配信サービス」は137館（19.0%）であった。

　「その他」には，障害者向け電子図書館の「サピエ図書館」「マルチメディアデイジー」「アクセシブルライブラリー」が合わせて６館，「新聞社データベースサービス」３館，「地域資料，地域動画などの提供」７館などの回答があった。

図表4-2　電子図書館サービスの導入内容（回答：721館）

質問（複数回答あり）	回答数	/721
(1)　電子書籍サービス	325	45.1%
(2)　電子雑誌サービス	72	10.0%
(3)　国立国会図書館　図書館向けデジタル化資料送信サービス	303	42.0%
(4)　データベース提供サービス	294	40.8%
(5)　デジタルアーカイブの提供	157	21.8%
(6)　音楽・音声情報配信サービス	137	19.0%
(7)　その他	33	4.6%
無回答	213	29.5%
合計	1,534	

図表4-3は,電流協の電子図書館アンケートにおける2014年以降の「電子書籍サービス実施している」回答の推移である。今年は45.1%の図書館が「電子書籍サービスを実施している」と回答しており,昨年の34.3%から10.8ポイント増加した。

図表4-3 「電子書籍サービスを実施している」回答の推移（2014年～2023年）

年	電子書籍サービス 実施回答数	回答数全体	比率
2014年	38	743	5.1%
2015年	54	791	6.8%
2016年	32	466	6.9%
2017年	32	451	7.1%
2018年	48	509	9.4%
2019年	43	420	10.2%
2020年	61	477	12.8%
2021年	149	554	26.9%
2022年	206	600	34.3%
2023年	325	721	45.1%

4.2.2　電子書籍サービスの事業者・サービス名（回答：導入館325館）

電子書籍サービスを実施している図書館325館に対して,その具体的な事業者とサービス名をたずねた。

図表4-4のように,公共図書館向けの電子書籍サービスは,「LibrariE & TRC-DL」（TRC-DL含む,以下同じ）が最も多い。なお,電流協の調査でも2023年7月1日現在で全国の347の自治体で導入されている。

「その他」には「新聞データベース」2館,「アクセシブルライブラリー」1館,「dマガジン」1館などの回答があった。

図表4-4 導入館における電子書籍サービス事業者・サービス名（回答：325館）

質問（複数回答あり）	回答数	/325
(1) LibrariE & TRC-DL（図書館流通センター）	245	75.4%
(2) OverDrive（メディアドゥ）	60	18.5%
(3) エルシエロ・オーディオブック（京セラCCS・オトバンク）	10	3.1%
(4) KinoDen（紀伊國屋書店）	18	5.5%
(5) LibrariE（紀伊國屋書店）	3	0.9%
(6) EBSCO eBooks（EBSCO Japan）	3	0.9%
(7) Maruzen eBook Library（丸善雄松堂,図書館流通センター）	1	0.3%
(8) その他	7	2.2%
合計	347	

4.2.3 電子図書館サービスの今後の導入希望 （回答：721館）

電子図書館サービスについて，すでに導入しているサービスのほかに，今後どのようなサービスの導入を検討しているかをたずねた（図表4-5）。

回答数全体（721館）を母数とした場合，「電子書籍サービス」が194館（26.9%）となるが，未導入館396館を母数（図表4-6）としてみると，49.0%となる。未導入館の半数では，電子書籍サービスの導入希望があるといえる。「国立国会図書館 図書館向けデジタル化資料送信サービス」63館（8.7%），「オンラインデータベース提供サービス」22館（3.1%），「音楽・音声情報配信サービス」22館（3.1%）となっている。

「その他」には「地域資料の提供」2館，「アクセシブルライブラリー」1館などの回答があった。

図表4-5　今後導入を希望する電子図書館サービス（すでに導入しているサービス除く）（回答：721館）

質問（複数回答あり）	2023年回答数	/721	2022年回答数	/600
(1) 電子書籍サービス	194	26.9%	200	33.3%
(2) 電子雑誌サービス	110	15.3%		
(3) 国立国会図書館 図書館送信サービス	63	8.7%	66	11.0%
(4) オンラインデータベース提供サービス	22	3.1%	26	4.3%
(5) デジタルアーカイブの提供	78	10.8%	58	9.7%
(6) 音楽・音声情報配信サービス	22	3.1%	22	3.7%
(7) その他	45	6.2%	47	7.8%
無回答	373	51.7%	285	47.5%
合計	907		704	

2014年から2023年の電子書籍サービスの導入希望の推移を見ると，コロナ禍で急増した2020年を除き，最近は50%前後で推移している（図表4-6）。

2020年以降，電子書籍サービスの導入が大きく進んだことで，未導入館が比率的に減少している。また，未導入館においても約半数に電子書籍サービスの導入希望があることから，今後も電子書籍サービスの導入は進むと考えられる。

図表 4 - 6　電子書籍サービスの導入希望の推移（2104 年～ 2023 年）

年	回答全数	電子書籍サービス導入数	電子書籍サービス未導入数	導入検討回答数	未導入図書館の導入検討率
2014 年	743	38	705	136	19.2%
2015 年	791	54	737	134	18.2%
2016 年	466	32	434	141	32.5%
2017 年	451	32	419	137	32.7%
2018 年	509	48	461	155	33.6%
2019 年	420	43	377	196	53.0%
2020 年	477	61	416	163	39.2%
2021 年	554	149	395	176	44.6%
2022 年	600	206	394	200	50.8%
2023 年	721	325	396	194	49.0%

4.2.4　電子書籍サービスを導入していない図書館の今後の導入予定（回答：未導入館 396 館）

　まだ電子書籍サービスを導入していない図書館に，今後の導入予定についてたずねた（図表 4 - 7）。

図表 4 - 7　電子書籍サービスの状況ついて（回答：396 館）

質問（一つ選択）	回答数	/396
(1) 電子書籍サービスを導入する予定が具体的にある	29	7.3%
(2) 電子書籍サービスの導入を検討中	204	51.5%
(3) 電子書籍サービスを導入する予定はない	141	35.6%
(4) その他	12	3.0%
無回答	10	2.5%
合計	396	

　「電子書籍サービス導入予定なし」に注目すると（図表 4 - 8），2018 年以前はアンケートに回答した図書館の 70% 以上が「導入予定がない」としていたが，2019 年に62.9%，新型コロナ問題の発生した 2020 年には 42.2%，今回は 19.6% まで減少し，昨年と同様の数となった。約 2 割の図書館はその理由として，規模が小さいことやスタッフ数が少ないことなどをあげている。

　今後は，主に小規模の図書館や図書館のない自治体における電子書籍サービスの導入をどのようにするかが課題であると考えられる。

図表 4-8　「電子書籍サービス導入予定なし」の推移（2014 年～ 2023 年）

年	電子書籍サービス導入予定なし回答数	アンケート回答全体数	比率	前年比
2014 年	539	743	72.5%	
2015 年	575	730	78.8%	6.3%
2016 年	329	466	70.6%	-8.2%
2017 年	325	425	76.5%	5.9%
2018 年	358	509	70.3%	-6.2%
2019 年	264	420	62.9%	-7.4%
2020 年	205	486	42.2%	-20.7%
2021 年	155	554	28.0%	-14.2%
2022 年	123	600	20.5%	-7.5%
2023 年	141	721	19.6%	-0.9%

4.2.5　図書館の規程等の改正（回答：721 館）

　電子書籍サービスを導入している図書館に，図書館の規程等の改正についてたずねた（図表 4-9）。

　「その他」には，「電子図書館の利用・電子書籍収集・サービス実施等に関する要綱（要項，要領，規程）を新規に策定した」が 26 館，「図書館規則を改正した」6 館などの回答があった。

図表 4-9　図書館の規程等の改正（回答：325 館）

質問（複数回答あり）	回答数	/721
(1) 図書館設置条例を改正した	13	4.0%
(2) 図書館設置条例の改正を検討中	0	0.0%
(3) 図書館の運営に関する規程等を改正した	111	34.2%
(4) 図書館の運営に関する規程等の改正を検討中	4	1.2%
(5) 図書館資料の収集方針・選定基準を改正した	58	17.8%
(6) 図書館資料の収集方針・選定基準の改正を検討中	19	5.8%
(7) 上記のいずれの改正も検討していない	119	36.6%
(8) その他	43	13.2%
無回答	13	4.0%
合計	380	

4.2.6　電子書籍サービスの利用者にとってのメリット（回答：721館）

電子書籍サービスの利用者にとってのメリットについてたずねた（図表4-10）。

結果は，「図書館に来館しなくても電子書籍が借りられる機能」いわゆる「非来館機能」685館（95.0%）と例年どおりほとんどの図書館がメリットとしてあげている。また従来から回答率の高かった「電子図書館のアクセシビリティ機能」は「文字拡大機能」572館（79.3%），「文字テキストの読み上げ機能」560館（77.7%），「文字と地の色の反転機能」390館（54.1%）となった。これらのことから非来館機能と読書のアクセシビリティ機能への期待が読み取れる。

「その他」には，「児童生徒の読書利用」が5館，「返却忘れ，紛失の心配がない」など返却が自動で行われる趣旨の回答が3館,「デジタル化された独自資料，郷土資料」2館などの回答があった。

図表4-10　電子書籍サービスの利用者にとってのメリット（回答：721館）

質問（複数回答あり）	2023年回答数	/721	2022年回答数	/600
(1) 図書館に来館しなくても電子書籍が借りられる機能	685	95.0%	569	94.8%
(2) 文字のテキスト読み上げ機能（TTS機能）	560	77.7%	450	75.0%
(3) 音声電子書籍の提供（オーディオブック，リードアロング等）	370	51.3%	298	49.7%
(4) 文字拡大機能	572	79.3%	484	80.7%
(5) フォント（文字の種類）を選択できる機能	217	30.1%	171	28.5%
(6) 外国語（多言語）電子書籍の提供	308	42.7%	265	44.2%
(7) 文字と地の色の反転機能（読書障害等への対応）	390	54.1%	329	54.8%
(8) マルチメディア機能（映像や音声，リッチコンテンツ提供）	276	38.3%	231	38.5%
(9) 電子書籍の紙出力による提供機能（プリントアウト）	61	8.5%	53	8.8%
(10) 必要な情報発見の検索機能（電子書籍・コンテンツ検索等）	214	29.7%	188	31.3%
(11) その他	23	3.2%	18	3.0%
無回答	18	2.5%	6	1.0%
合計	3,694		3,062	

4.2.7　電子書籍サービスの図書館にとってのメリット（回答：721館）

電子書籍サービスの図書館側のメリットについてたずねた（図表4-11）。

結果は，ほとんどの項目において前回と同様であった。

「その他」には，「延滞・督促業務が不要」といった趣旨の回答が22館,「非来館サービス」を評価する回答が11館，読み放題パック，問題集などの活用による「児童生徒若年層利用の増加」7館などであった。

図表 4-11　電子書籍サービスの図書館にとってのメリット（回答：721 館）

質問（複数回答あり）	2023 年回答数	/721	2022 年回答数	/600
(1)　貸出・返却・予約業務の自動化	559	77.5%	464	77.3%
(2)　図書館サービスのアクセシビリティ対応（障害者差別解消法，読書バリアフリー法等への対応）	608	84.3%	494	82.3%
(3)　書架スペース問題の解消	387	53.7%	317	52.8%
(4)　汚破損・紛失の回避	531	73.6%	442	73.7%
(5)　その他	60	8.3%	58	9.7%
無回答	18	2.5%	7	1.2%
合計	2,163		1,782	

4.3 電子書籍サービス導入図書館への調査

4.3.1 電子書籍サービスの運営費と電子書籍コンテンツの費用を合わせた年間費用（回答：導入館 325 館）

　電子書籍サービスを導入している図書館（325 館）に，年間（2022 年度）の電子書籍サービスの運営費と電子書籍コンテンツ費用の合計をたずねた（図表 4-12）。

　結果は，導入館は増えたものの「100 万円以上～ 500 万円未満」の比率が高い。

　「その他」には，共同運営の広域電子図書館のため「負担金等を納入」が 16 館，「運営費は図書館システム料等に含むため不明」5 件などの回答があった。

　「指定管理料に含むため不明」3 館，「システム管理費に含まれるため不明」「把握していない」などの回答があった。

図表 4-12　電子書籍サービスの運営費と電子書籍コンテンツ費用を合わせた年間費用（回答：導入館 325 館）

質問（一つ選択）	2023 年回答数	/325	2022 年回答数	/197
（1）100 万円未満	28	8.6%	16	8.1%
（2）100 万円以上～ 500 万円未満	148	45.5%	93	47.2%
（3）500 万円以上～ 1,000 万円未満	66	20.3%	39	19.8%
（4）1,000 万円以上～ 2,000 万未満	22	6.8%	19	9.6%
（5）2,000 万円以上	10	3.1%	11	5.6%
（6）その他	38	11.7%	18	9.1%
無回答	13	4.0%	4	2.0%
合計	325		200	

4.3.2 電子書籍サービスの電子書籍コンテンツのみの年間費用（回答：導入館 325 館）

　電子書籍サービスを導入している図書館（325 館）について年間（2022 年度）の電子書籍コンテンツの費用をたずねた（図表 4-13）。

　「その他」には，広域電子図書館のため「負担金を納入」13 館，「システム利用料に含まれるため不明」などの回答があった。

図表 4-13　電子書籍サービス，電子書籍コンテンツの年間費用について（回答：導入館 325 館）

質問	2023 年回答数	/325	2022 年回答数	/197
(1) 50 万円未満	30	9.2%	14	7.1%
(2) 50 万円以上～ 100 万円未満	38	11.7%	28	14.2%
(3) 100 万円以上～ 300 万円未満	86	26.5%	63	32.0%
(4) 300 万円以上～ 500 万円未満	53	16.3%	36	18.3%
(5) 500 万円以上～ 1,000 万円未満	47	14.5%	25	12.7%
(6) 1,000 万円以上	25	7.7%	20	10.2%
(7) その他	31	9.5%	11	5.6%
無回答	15	4.6%	2	1.0%
合計	325		199	

4.3.3　電子書籍サービス実施の課題・懸念事項（回答：導入館 325 館）

　電子書籍サービス実施における課題および懸念する事項を電子書籍サービス導入済みの図書館にたずねた（図表 4-14）。

　「その他」には，「期限付きの電子書籍の費用負担・補充」2 館，「学校との連携」2 館などの回答があった。

図表 4-14　電子書籍サービス実施の課題・懸念事項（回答：導入館 325 館）

質問（複数回答あり）	2023 年回答数	/325	2022 年回答数	/197
(1) 電子図書館導入予算の確保	218	67.1%	121	61.4%
(2) 担当部署，担当者の問題	110	33.8%	33	16.8%
(3) 図書館利用者からのニーズ	84	25.8%	93	47.2%
(4) 電子書籍サービスの導入に対する，費用対効果	208	64.0%	141	71.6%
(5) 電子書籍サービスで提供されるコンテンツ	232	71.4%	156	79.2%
(6) 電子書籍サービスが継続されるかどうか（サービス中止に対する不安）	194	59.7%	66	33.5%
(7) 電子書籍サービスを実施するための十分な知識（経験）がない	144	44.3%	28	14.2%
(8) 電子書籍サービスを選択する場合の基準や方法がわからない	115	35.4%	14	7.1%
(9) 利用者に対する電子書籍サービスの説明	99	30.5%	43	21.8%
(10) 電子図書館広域連携（周辺自治体との連携した電子図書館実施）	41	12.6%	13	6.6%
(11) その他	15	4.6%	16	8.1%
無回答	4	1.2%	2	1.0%
合計	1,464		726	

4.3.4　電子書籍サービスのコンテンツをめぐる課題（回答：導入館232館）

　4.3.3で「電子書籍サービスで提供されるコンテンツ」と回答した232館に電子書籍コンテンツへの懸念事項をたずねた（図表4-15）。

　「その他」には，「コンテンツの利用制限」に関するものが15件と最も多く，期間制限や回数制限に対して懸念する声が大きい。また，「提供されるコンテンツの出版社に偏りがある」や「検索機能が不十分」「読み放題パッケージに子供の調べ学習コンテンツが少ない」などの回答があった。

図表4-15　電子書籍サービスのコンテンツをめぐる課題（回答：導入館232館）

質問（複数回答あり）	2023年回答数	/232	2022年回答数	/156
(1) 提供されているコンテンツのタイトル数が少ない	189	81.5%	122	78.2%
(2) 新刊のコンテンツが提供されにくい	205	88.4%	137	87.8%
(3) ベストセラーが電子書籍貸出向けに提供されない	195	84.1%	123	78.8%
(4) 電子書籍貸出案内ページが，目が不自由な人や外国人住人への対応が不十分	56	24.1%	40	25.6%
(5) コンテンツの規格がわかりにくい	35	15.1%	27	17.3%
(6) コンテンツの価格	199	85.8%	131	84.0%
(7) コンテンツ購入（提供）費用の会計処理の基準	22	9.5%	15	9.6%
(8) コンテンツを閲覧するビューアが自由に選べない	24	10.3%	17	10.9%
(9) 電子書籍の選書	98	42.2%	41	26.3%
(10) 読み上げ機能が不完全	65	28.0%		
(11) 書誌情報が十分でない	39	16.8%		
(12) 読み放題パッケージが少ない	52	22.4%		
(13) その他	40	17.2%	17	10.9%
無回答	47	20.3%	0	0.0%
合計	1,266		670	

4.3.5　必要と考える電子書籍コンテンツのジャンル（回答：導入館189館）

　4.3.4で「提供されている電子書籍コンテンツのタイトルが少ない」と回答した189館に「電子書籍で必要と考えられる電子書籍のジャンル」をたずねた（図表4-16）。

　昨年の結果と比較すると「文芸書，小説」「児童書・絵本」「図鑑，年鑑」「マンガ（コミック）」の数値が高くなっている。電子書籍サービスを導入している図書館において，児童生徒向けの電子書籍コンテンツ提供のニーズが高まっていると考えられる。

　「その他」には，「教科書で紹介された図書（国語の教科書掲載の著者の図書）」や「中学生向けの文芸書」「調べもの学習等に利用できる児童書読み放題コンテンツ」など，

小中学校の児童生徒向けのコンテンツについての回答があった。

図表4-16　必要と考える電子書籍コンテンツのジャンル（回答：導入館189館）

質問（複数回答あり）	2023年回答数	/189	2022年回答数	/121
(1) 文芸書・小説	165	87.3%	82	67.3%
(2) 実用書	96	50.8%	58	47.9%
(3) ビジネス書	80	42.3%	54	44.6%
(4) 専門書（ビジネス書以外）	41	21.7%	31	25.6%
(5) 学習参考書	41	21.7%	27	22.3%
(6) 児童書・絵本	125	66.1%	65	53.7%
(7) 図鑑・年鑑	87	46.0%	43	35.5%
(8) 辞書・辞典	54	28.6%	33	27.3%
(9) マンガ（コミック）	35	18.5%	16	13.2%
(10) 雑誌	34	18.0%	30	24.8%
(11) 新聞	18	9.5%	10	8.3%
(12) 地元関係の書籍	74	39.2%	45	37.2%
(13) 外国語コンテンツ	40	21.2%		
(14) 旅行ガイドブック	48	25.4%		
(15) 資格・検定試験	47	24.9%		
(16) その他	9	4.8%	8	6.6%
無記入	2	1.1%	28	22.3%
合計	996		530	

4.3.6　電子書籍サービスの利用登録率（人口比）（回答：導入館325館）

　電子書籍サービスを導入している図書館（325館）に，現在の自治体の人口比でみた利用登録率をたずねた（図表4-17）。登録率がわかる図書館では「1%〜9%」が112館（34.5%）と多かった。

　「その他」には，「利用登録不要なので不明」「利用カードを持っている人は全員利用できるので不明」など，登録率不明という回答が49館あった。

図表 4 - 17　電子書籍サービスの利用登録率（人口比）（回答：導入館 325 館）

質問（一つ選択）	2023 年回答数	/325	2022 年回答数	/197
(1) 1%〜 9%	112	34.5%	75	38.1%
(2) 10%〜 19%	36	11.1%	23	11.7%
(3) 20% 29%	22	6.8%	10	5.1%
(4) 30%〜 49%	36	11.1%	19	9.6%
(5) 50% 以上	23	7.1%	11	5.6%
(6) その他	84	25.8%	56	28.4%
無回答	12	3.7%	3	1.5%
合計	325		197	

4.3.7　電子書籍サービスの利用実績の多い世代（回答：導入館 325 館）

　電子書籍サービスを導入している図書館に電子書籍サービスの利用実績の多い世代をたずねた（図表 4 - 18）。

　これまでは 30 代〜 50 代が多かったが，今年は 12 歳未満が 7.6 ポイントアップ，12 歳〜 19 歳が 2.4 ポイントのアップと，若年層に利用増の傾向がみられる。一方で，40 代は 9.3 ポイント，50 代は 7.5 ポイントダウンしており，相対的には利用が多いものの，前年比でみると利用実績が下がっている。

　「その他」には，「世代別統計が取れない」「集計していない」，また「自治体内の学校の児童・生徒への ID 付与」「小中学生向けの資料導入」によって小中学校や児童生徒をターゲットとしている回答もみられた。

図表 4 - 18　電子書籍サービスの利用実績の多い主な世代（回答：導入館 325 館）

質問（3 つまで回答）	2023 年回答数	/325	2022 年回答数	/197
(1) 12 歳未満	81	24.9%	34	17.3%
(2) 12 歳〜 19 歳	41	12.6%	20	10.2%
(3) 20 代	10	3.1%	8	4.1%
(4) 30 代	127	39.1%	79	40.1%
(5) 40 代	181	55.7%	128	65.0%
(6) 50 代	149	45.8%	105	53.3%
(7) 60 代	57	17.5%	34	17.3%
(8) 70 代	11	3.4%	7	3.6%
(9) 80 歳以上	1	0.3%	0	0.0%
(10) その他	70	21.5%	52	26.4%
無回答	23	7.1%	4	2.0%
合計	751		471	

4.3.8　電子書籍の「資料収集方針」「選書基準」の有無（回答：導入館197館）

　電子書籍サービスを導入している図書館に電子書籍の「資料収集方針」「選書基準」をもうけているかをたずねた（図表 4 - 19）。

　「紙の書籍の選書基準を準用する」152 館（46.8%）が最も多いが，「電子書籍独自の選書基準を設ける図書館」も 76 館（23.4%）と増加，「電子書籍の選書基準を設けていない」図書館も 105 館（32.3%）ある。

　「その他」をみると，「広域電子図書館全体で独自の電子書籍選書基準を策定している」記載もあった。

図表 4 - 19　電子書籍の「資料収集方針」「選書基準」の有無（回答：導入館 325 館）

質問（複数回答あり）	2023 年回答数	/325	2022 年回答数	/197
(1) 紙の書籍に関する選書基準を準用している	152	46.8%	113	57.4%
(2) 電子書籍の選書基準を設けている	76	23.4%	38	19.3%
(3) 電子書籍の選書基準を設けていない	105	32.3%	52	26.4%
(4) (1)(2) を選択した方で，選書基準が Web に公開されている場合「URL」をご記入ください，また，その他ご意見等ありましたらご記載ください	42	12.9%	35	17.8%
無回答	9	2.8%	5	2.5%
合計	384		243	

4.3.9　電子書籍サービスで利用可能なコンテンツ数（回答：導入館302館）

　電子書籍サービスを導入している図書館に対して，利用（貸出・閲覧）可能な電子書籍コンテンツの数（タイトル数）をたずねた（図表 4 - 20）。

　回答のあった 302 館の利用可能なコンテンツ数の平均は 7,654 タイトルで，前回の 6,991 タイトル（2022 年）から 663 タイトル増加している。ちなみに，2021 年調査では 5,271 タイトル，2019 年調査では 4,205 タイトルであった。なお，2020 年の調査データはない。

図表 4‒20　2022 年度に利用可能なコンテンツ数（回答：導入館 302 館）

回答から集計	2023 年回答数	/302	2022 年回答数	/185
10,000 以上	104	34.4%	38	20.5%
5,000 ～ 10,000 未満	54	17.9%	55	29.7%
1,000 ～ 5,000 未満	123	40.7%	77	41.6%
500 ～ 1,000 未満	13	4.3%	7	3.8%
500 未満	8	2.6%	8	4.3%
合計	302		185	

4.3.10　電子書籍サービスの利用（貸出・閲覧）コンテンツ数（タイトル数）（回答：導入館 274 館）

　電子書籍サービス導入館に対して，2022 度（サービス開始から 1 年未満の場合はその合計数）の電子書籍の利用（貸出・閲覧）件数をたずねた（図表 4‒21）。

　回答のあった 274 館の利用数の平均は 27,054 タイトルで，前回の平均 14,428 タイトルと比較して 12,626 増と大幅な増加であった。

図表 4‒21　2022 年度の利用（貸出・閲覧）コンテンツ数（タイトル数）（回答：導入館 274 館）

回答から集計	2023 年回答数	/274	2022 年回答数	/172
50,000 以上	29	10.6%	10	5.8%
10,000 ～ 50,000 未満	102	37.2%	46	32.6%
5,000 ～ 10,000 未満	58	21.2%	32	18.6%
1,000 ～ 5,000 未満	60	21.9%	57	33.1%
500 ～ 1,000 未満	11	4.0%	19	11.0%
500 未満	14	5.1%	8	4.7%
合計	274		172	

4.3.11　電子書籍読み放題パックの導入（回答：導入館 325 館）

　電子書籍サービスを導入している図書館に対して，電子書籍読み放題パック（アクセス無制限）の導入についてたずねた（図表 4‒22）。この質問は今回新設した。

　4.3.5 や 4.3.7 のアンケートの結果から，電子書籍サービス利用者として児童生徒への注目がみられる。児童生徒が利用するにあたっては，一つの電子書籍タイトルへの同時アクセスが予想されるため，電子書籍読み放題パックの充実に期待したいところである。

図表 4 - 22　電子書籍読み放題パックの導入について（回答：導入館 325 館）

質問（一つ選択）	回答数	/325
(1) 電子書籍読み放題パックを導入している	137	42.2%
(2) 電子書籍読み放題パックは導入していない	175	53.8%
無回答	13	4.0%
合計	325	

4.3.12　電子書籍サービス導入後の感想（回答：導入館 325 館）

　電子書籍サービス導入館に対して，電子書籍サービスの導入後の感想をたずねた（図表 4 - 23）。

　結果をみると「計画（予想）よりも，利用者が少ない」が 160 館（49.2%）と 8.8 ポイント増加して約半数となった。「計画通りの利用者数である」72 館（22.2%），「計画よりも利用者数が多い」50 館（15.4%）については昨年とほぼ同率である。

　「その他」には，「電子書籍サービスの利用計画がない」という図書館や，「導入 1 年を経て，予想よりも早く利用が伸び悩んでいる」「市内小中学校の児童生徒にタブレット端末を貸与していることが電子図書館の利用に結びついていると考えられる」という回答があった。

　コロナ禍に非来館サービスとして利用が急増した電子書籍サービスであったが，今後は電子図書館サービスの利便性やデジタル資料の公開など行政のデジタルサービスとしての特性を生かしたサービスのあり方が求められる。

図表 4 - 23　電子書籍サービス導入後の感想（回答：導入館 325 館）

質問（複数選択可）	2023 年回答数	/325	2022 年回答数	/197
(1) 計画（予想）よりも，利用（利用者）が多い	50	15.4%	32	16.2%
(2) 計画（予想）通りの利用数である	72	22.2%	33	16.8%
(3) 計画（予想）よりも，利用（利用者）が少ない	160	49.2%	105	53.3%
(4) その他	36	11.1%	28	14.2%
無回答	14	4.3%	2	1.0%
合計	332		200	

4.3.13 電子書籍サービスの運用・管理（回答：導入館325館）

電子書籍サービスを導入している図書館に対して，電子書籍サービスの運用・管理についてたずねた（図表4-24）。

結果をみると「運用・管理が煩雑で負担が大きい」回答が前年よりも8.1ポイントの増加となっている。

「その他」には，「電子書籍購入の財源確保」問題や，「導入後1年以内のため，電子書籍サービスの習得」などが負担であるとの回答もある。一方で，「広域電子図書館で導入したため，当館では負担が少ない」と回答した図書館もある。

今後は「広域電子図書館」の導入によって各自治体の負担を下げることも一つの方法と考えられる。また電子書籍サービスの効率的な運営方法を事業者から説明を受けるだけでなく，自治体間の協力や情報交換によって共有することも望まれる。

図表4-24　電子書籍サービスの運用・管理（回答：導入館325館）

質問（複数回答あり）	2023年回答数	/325	2022年回答数	/197
(1) 運用・管理は予定通りである	191	68.8%	132	67.0%
(2) 運用・管理が煩雑で負担が大きい	104	32.0%	47	23.9%
(3) その他	25	7.7%	21	10.7%
無回答	10	3.1%	3	1.5%
合計	330		203	

4.3.14 電子書籍サービスへの利用者からの問い合わせの状況（回答：導入館325館）

電子書籍サービスを導入している図書館に対して，電子書籍サービスに関する利用者からの問い合わせについてたずねた（図表4-25）。

「利用者（住民）からの問い合わせが少ない」が8割を占めている。このことについては，住民にまだ電子書籍サービスの自体を認知されていないことも考えられる。

今後は，それをふまえたプロモーション活動やアプローチが必要と考えられる。

「その他」には，「電子図書館の導入直後，問い合わせが多かったが，現在はおちついている」という内容の回答が多かった。また，「利用方法をホームページで周知し，イベントで電子図書館おためし体験会の実施。学校へも図書館だよりや研修会等で周知している」など，周知活動に積極的な図書館の回答もみられた。

図表 4 - 25　電子書籍サービスへの利用者からの問い合わせの状況（回答：導入館 325 館）

質問（複数選択ある）	2023年回答数	/325	2022年回答数	/197
（1）利用者（住民）からの問い合わせが多い	18	5.5%	17	8.6%
（2）利用者（住民）からの問い合わせは少ない	284	87.4%	160	81.2%
（3）その他	19	5.8%	20	10.7%
無回答	7	2.2%	4	2.0%
合計	328		201	

4.3.15　電子書籍サービスへの独自資料の搭載（回答：導入館 325 館）

　電子書籍サービスを導入している図書館に対して，図書館独自の資料をコンテンツとして搭載しているかについてたずねた（図表4-26）。この質問は今回新設した。
　結果は，半数以上の自治体が独自資料を搭載していた。
　「その他」には，独自資料を数件から200件以上，多くは8,000件を搭載しているという回答があった。搭載しているコンテンツは，郷土資料や広報（市の広報誌等），自治体の歴史資料など多岐にわたっている。

図表 4 - 26　独自資料の搭載（回答：導入館 325 館）

質問（複数回答あり）	回答数	/325
（1）独自資料を搭載している	163	50.2%
（2）独自資料は搭載していない	142	43.7%
（3）独自資料を搭載している場合，搭載数その他ご回答ください	76	23.4%
無回答	11	3.4%
合計	392	

4.3.16　電子書籍サービス利用者用の貸出可能な電子端末の有無（回答：導入館 325 館）

　電子書籍サービスを導入している図書館に対して，電子図書館サービス利用者用の貸出可能な電子端末（タブレット，パソコン等）の有無についてたずねた（図表4-27）。この質問は今回新設した。
　結果は，まだ半数以上の自治体では貸出端末はない状態であった。
　「その他」には，「貸出用の端末はないが，利用者用パソコン端末（固定設置）があり，その端末のインターネット接続「電子書籍サービス」を利用可能」という図書館が21館あった。
　電子図書館サービスをすでに利用している人は，自分の端末で利用するケースが多

いと思われるが，まだ利用していない人にとっては，図書館で利用を試すためなどに貸出端末が必要である。また，利用者に「電子図書館」を知ってもらうために図書館に貸出可能な電子端末を備えることが望ましいといえる。

図表 4 - 27　電子書籍サービス利用者用の貸出可能な電子端末の有無（回答：導入館 325 館）

質問（一つ選択）	回答数	/325
(1) 利用者向け，館内用「貸出電子端末」がある	85	26.2%
(2) 利用者向け，館内・館外「貸出電子端末」がある	3	0.9%
(3) 利用者用電子端末はない	200	61.5%
(4) その他	30	9.2%
無回答	7	2.2%
合計	325	

4.3.17　電子端末がある図書館の利用者貸出以外の活用方法（回答：導入館 88 館）

利用者用の電子端末を有する図書館に，利用者貸出以外の活用方法についてたずねた（図表 4 - 28）。

「その他」には，「館内・館外での ICT 活用講座」「学校見学・職業体験」「電子図書館利用促進の説明会」「体験会」などの回答があった。

図表 4 - 28　電子端末がある図書館の利用者貸出以外の活用方法（回答：導入館 88 館）

質問（複数回答あり）	回答数	/88
(1) 図書館スタッフ（職員等）による利用者へ電子図書館の説明用（主に館内で利用）	52	59.1%
(2) 館内・館外を問わずに電子図書館説明のイベントや電子図書館サービス体験会用	30	34.1%
(3) その他	17	19.3%
無回答	9	10.2%
合計	108	

4.3.18　電子書籍コンテンツ費用の予算費目（回答：導入館 325 館）

電子書籍サービスを導入している図書館に対して，電子書籍コンテンツの費用予算費目についてたずねた（図表 4 - 29）。

「その他」には「（広域電子図書館）負担金」27 館，「使用料」18 館，「指定管理料」7 館，「賃借料」4 館，「備品購入費（図書購入費）」5 館，「消耗品費」5 館などの回答があり，各自治体における電子書籍サービスの予算費目は，特に定まっていないこと

がわかる。

図表 4 - 29　電子書籍コンテンツ費用の予算費目（回答：導入館 325 館）

質問（複数回答あり）	2023 年回答数	/325	2022 年回答数	/197
(1) 資料費	79	24.3%	54	27.4%
(2) 使用役務	128	39.4%	77	39.1%
(3) 業務委託料	17	5.2%	11	5.6%
(4) その他	107	32.9%	64	32.5%
無回答	16	4.9%	2	1.0%
合計	347		208	

4.3.19　電子書籍サービスの認知向上や利用促進に向けた広報活動（回答：導入館 325 館）

　電子書籍サービス導入館に，電子書籍サービスの認知度向上や利用促進に向けた広報活動をたずねた（図表 4 - 30）。

　今回新たに「自治体内の学校の生徒・学生への ID 提供」を加えたところ 120 館（36.9%）の回答があった。

　「その他」には，「図書館の媒体（ポスター，ホームページ）」の他，「学校連携」「学校関係者との会議・研修会での説明」「学校への利用案内」など学校関連の回答が 8 件あった。

図表 4 - 30　電子書籍サービスの認知度向上や利用促進に向けた広報活動（回答：導入館 325 館）

質問（複数回答あり）	2023 年回答数	/352	2022 年回答数	/197
(1) 自治体 Web サイトへの公式リンク掲出	147	45.2%	89	45.2%
(2) 自治体広報誌への案内掲載（定期・不定期）	198	60.9%	134	68.0%
(3) 自治体及び図書館の公式 SNS や公式動画サイトを用いた情報発信	144	44.3%	95	48.2%
(4) 図書館内での利用登録案内やポスターの掲出	281	86.5%	173	87.8%
(5) 図書館内でのデモ体験会や利用説明会の開催（定期・不定期）	121	37.2%	69	35.0%
(6) 図書館以外の施設へのポスター掲示	82	25.2%	51	25.9%
(7) 図書館以外の施設へ出向いての利用登録キャンペーン実施（電子書籍サービス利用体験会等）	56	17.2%	20	10.2%
(8) 自治体内の学校の生徒・学生への ID 提供	120	36.9%		
(9) その他	39	12.0%	34	17.3%
無回答	7	2.2%	2	1.0%
合計	1,195		667	

4.3.20 電子書籍サービスの運営やコンテンツの費用に関する工夫（回答：導入館 325 館）

電子書籍サービス導入館に，電子書籍サービスの運営やコンテンツの費用に関する工夫をたずねた（図表 4 - 31）。

本質問は，導入館・未導入館にかかわらず，電子書籍サービスの導入を検討するにあたって，導入費用およびその後の運営費用が最も懸念されていることから，自治体予算以外で独自の工夫を実施する図書館の有無を調査することを意図している。

結果をみると，昨年同様，予算措置以外に独自の工夫をしている図書館は少ないが，新たな質問項目として加えた「ふるさと納税の活用」が 12 館あった。

「その他」には，「新型コロナウイルス感染症対地方創生臨時交付金」14 館，「デジタル田園都市国家構想交付金」2 館，「離島活性化推進事業」「宝くじ助成金」「自治体助成金」などの公的な助成の他，地元に関係する企業と連携協定を結んで「絵本コンテンツを提供」してもらうケースもあった。また，「自治体の学校教育担当課からの予算獲得」という回答もあった。

電子図書館サービス事業を交付金で立ち上げた場合は特に，その後の運営やコンテンツの費用が課題となる。予算の確保には自治体ごとの工夫が求められる。

図表 4 - 31　電子書籍サービスの運営やコンテンツの費用に関する工夫（回答：導入館 325 館）

質問（複数回答あり）	2023 年回答数	/352	2022 年回答数	/197
(1) 電子書籍サービスの運営，電子書籍費用については図書館予算のみで行い，電子書籍サービスの運営に関してその他の工夫していることはない	260	80.0%	159	80.7%
(2) 電子書籍サービスの運営，電子書籍費用について，地元企業や団体に寄付の依頼などを行っている	8	2.5%	5	2.5%
(3) 団体（PTA，卒業生 OB・OG 会等含む）に寄付助成の依頼	0	0.0%		
(4) ふるさと納税の活用	12	3.7%		
(5) その他，電子書籍サービスの運営，電子書籍費用について (2)〜(4) 以外の工夫を行っている場合ご記入ください	44	13.5%	32	16.2%
無回答	16	4.9%	5	2.5%
合計	340		201	

4.3.21 電子書籍サービス利用者登録の電子申請システムの活用（回答：導入館 325 館）

電子書籍サービスを導入している図書館に対して，サービスの利用者登録において，電子申請システムを活用して利用者登録を行っているかたずねた。本質問は今回新設した。結果は，図表 4 - 32 のとおりであった。

図表 4‑32　電子書籍サービス利用者登録の電子申請システムの活用（回答：導入館 325 館）

質問（一つ選択）	回答数	/325
(1)「電子申請システム」を活用して利用者登録を行っている	41	12.6%
(2)「電子申請システム」を活用して利用者登録を行っていない	275	84.6%
無回答	9	2.8%
合計	325	

4.4　電子書籍サービス未導入図書館への調査

4.4.1　電子書籍サービスの導入予定時期（回答：未導入館 396 館）

　電子書籍サービス未導入図書館で「電子書籍サービスを導入する予定がある（検討中）」の図書館へ電子書籍サービス導入予定についてたずねた（図表 4 - 33）。

　67 館が具体的時期に予定があると回答していることから，今後も「電子書籍サービス」の導入が進むことが予想される。

　「その他」へ記入のあった 138 館のうち 118 館が「未定，検討中，不明等」で，その他にも「予算化され次第」「協議中で時期を公表できない」という回答があった。

図表 4 - 33　電子書籍サービスの導入予定時期（回答：未導入館 396 館）

質問	回答数	/396
(1) 令和 5 年度中（2023 年度）	17	4.3%
(2) 令和 6 年度（2024 年度）	5	1.3%
(3) 令和 7 年度（2025 年度）以降	45	11.3%
(4) その他	138	34.8%
無回答	191	48.1%
合計	396	

4.4.2　電子書籍サービスを導入しない理由（回答：未導入館 141 館）

　電子書籍サービス未導入館で「電子書籍サービスを実施する予定はない」と回答した図書館 141 館に，「導入予定がない」理由をたずねた（図表 4 - 34）。

　「その他」には，「コンテンツの種類，数が少ない」「コンテンツの貸出回数・期間に制限がある」など電子書籍コンテンツに対する理由が 10 館，「県立図書館の電子書籍サービスで対応している」3 館，「昔導入したことがあるが，利用率が少なくサービスをやめた」1 館などの回答があった。

質問（複数回答あり）	2023 年回答数	/141	2022 年回答数	/123
(1) 図書館利用者（住民）からの問い合わせがない	58	41.1%	59	48.0%
(2) 電子書籍サービスを導入する予算問題	119	84.4%	98	79.7%
(3) 電子書籍サービスを運営する担当者の問題	35	24.8%	22	17.9%
(4) 首長（市長・町村長等）や議会からの要望がない	31	22.0%	32	26.0%
(5) その他	21	14.9%	18	14.6%
無回答	3	2.1%	7	5.7%
合計	267		236	

4.4.3　電子書籍サービスを導入する場合の懸念事項（回答：未導入館 396 館）

　電子書籍サービス未導入館に，電子書籍サービスを導入する場合の懸念事項をたずねた（図表 4 - 35）。

　結果から，「導入予算」に関する問題が大きく，また予算化にあたっては「費用対効果」を自治体から求められるものと考えられる。

　「その他」には，「電子書籍サービス導入に関する国の補助事業のメニューが欲しい」「電子書籍の運用にかかるコスト，継続した予算確保」などの回答があった。

図表 4 - 35　電子書籍サービスを導入する場合の懸念事項（回答：未導入館 396 館）

質問（複数回答あり）	2023 年回答数	/396	2022 年回答数	/403
(1) 電子図書館導入予算の確保	349	88.1%	345	85.6%
(2) 担当部署，担当者の問題	101	25.5%	98	24.3%
(3) 図書館利用者からのニーズ	179	45.2%	185	45.9%
(4) 電子書籍サービスの導入に対する，費用対効果	317	80.1%	307	76.2%
(5) 電子書籍サービスで提供されるコンテンツ	272	68.7%	292	72.5%
(6) 電子書籍サービスが継続されるかどうか（サービス中止に対する不安）	159	40.2%	160	39.7%
(8) 電子書籍サービスを実施するための十分な知識（経験）がない	124	31.3%	131	32.5%
(9) 電子書籍サービスを選択する場合の基準や方法がわからない	74	18.7%	87	21.6%
(10) 利用者に対する電子書籍サービスの説明	72	18.2%	94	23.3%
(11) 電子図書館広域連携	89	22.5%	78	19.4%
(12) その他	12	3.0%	21	5.2%
無回答	14	3.5%	19	4.7%
合計	1,762		1,817	

4.4.4 電子書籍コンテンツをめぐる課題 (回答：未導入館 272 館)

電子書籍サービス未導入の図書館のうち 4.4.3 で「電子書籍サービスで提供されるコンテンツ」を選択した 272 館に，電子書籍コンテンツをめぐる課題をたずねた（図表 4-36）。

「その他」には，「コンテンツの利用に制限（期間や回数がある）」4 館のほか，「外国語資料のタイトルや言語が利用者のニーズにかなうか不明」「契約を中止するとそれまで購入したものが利用できなくなる」「研究や調べものに利用できる専門的なコンテンツの充実」「県立と市町村立のコンテンツのすみ分け」などの回答があった。

図表 4-36　電子書籍コンテンツをめぐる課題 (回答：未導入館 272)

質問（複数回答あり）	2023 年回答数	/272	2022 年回答数	/292
(1) 提供されているコンテンツのタイトル数が少ない	219	80.5%	222	76.0%
(2) 新刊のコンテンツが提供されにくい	169	62.1%	190	65.1%
(3) コンテンツの規格がわかりにくい	56	20.6%	58	19.9%
(4) コンテンツの価格	194	71.3%	218	74.7%
(5) コンテンツ購入（提供）費用の会計処理の基準	55	20.2%	44	15.1%
(6) コンテンツを閲覧するビューアが自由に選べない	44	16.2%	42	14.4%
(7) 電子書籍の選書基準	98	36.0%	82	28.1%
(8) その他	14	5.1%	15	5.1%
無回答	8	2.9%	24	8.2%
合計	857		895	

4.5　国立国会図書館「図書館向けデジタル化資料送信サービス」への対応

4.5.1　図書館送信サービスへの対応状況（回答：721 館）

　国立国会図書館「図書館向けデジタル化資料送信サービス」（以下，図書館送信サービス）への対応状況をたずねた（図表 4 - 37）。

　結果は，「閲覧・複写サービスを開始している」289 館（40.1%）と「閲覧サービスのみ開始している」33 館（4.6%）とを合わせた 322 館（44.7%）が，図書館送信サービスを実施している。

　また，「2023 年度に申し込みする予定」が 32 館，「2024 年度以降申し込み予定」が 55 館あり，上記とあわせると約 6 割の図書館で実施または実施予定ということになる。

　一方，「現在のところ申し込む予定はない」という回答が 248 館（34.4%）あり約 3 分の 1 の図書館は実施予定がないという結果であった。

　「その他」には，「図書館のネットワーク環境（グローバル IP）問題」や「利用者の閲覧環境設備の問題」が 15 館，「利用者からのニーズ」7 館などの回答があった。

図表 4 - 37　図書館送信サービスへの対応状況（回答：721 館）

質問（一つ選択）	2023 年回答数	/721	2022 年回答数	/600
(1)　申し込んで，閲覧・複写サービスを開始している	289	40.1%	268	44.7%
(2)　申し込んで，閲覧サービスのみ開始している	33	4.6%	31	5.2%
(3)　令和 5 年度（2023 年）中に申し込みをする予定で検討している	32	4.4%	24	4.0%
(4)　令和 6 年度（2024 年）以降に申し込みをする予定で検討している	55	7.6%	51	8.5%
(5)　現在のところ申し込む予定はない（差し支えなければ（6）に理由をご記入ください）	248	34.4%	189	31.5%
(6)　その他	54	7.5%	92	15.3%
無回答	10	1.4%	10	1.7%
合計	721		655	

※ （3）の 2022 年の質問文は「令和 4 年度（2022 年度）中に申し込みをする予定で検討している」
　　（4）の 2022 年の質問文は「令和 5 年度（2023 年度）以降に申し込みをする予定で検討している」

4.5.2　図書館送信サービスの利点（回答：導入館 322 館）

　図書館送信サービスを導入している図書館において，サービスを開始して感じる利点をたずねた（図表 4-38）。

　「その他」には，「レファレンスに役立っている」6 館，「遠隔複写依頼を減らすことができた」1 館，「利用がない」2 館の回答があった。

図表 4-38　図書館送信サービスの利点（回答：導入館 322 館）

質問（複数回答あり）	2022 年回答数	/298	2021 年回答数	/255
(1)　より多くの資料を提供できるようになった	254	85.2%	212	83.1%
(2)　新たな図書館利用者の開拓につながった	82	27.5%	77	30.2%
(3)　図書館利用者のニーズに即した資料をより適切に提供できるようになった	212	71.1%	185	72.5%
(4)　より迅速に資料を提供できるようになった	143	48.0%	129	50.6%
(5)　相互貸借を減らすことができた	73	24.5%	72	28.2%
(6)　利用者端末の有効活用につながった	64	21.5%	51	20.0%
(7)　その他	14	4.7%	7	2.7%
無回答	3	1.0%	0	0.0%
合計	842		733	

4.5.3　図書館送信サービスの課題（回答：導入館 322 館）

　図書館送信サービスを導入している図書館に，サービスを開始して感じる課題をたずねた（図表 4-39）。

　「その他」には，「2022 年 12 月のリニューアル後フッターの文字が資料にかぶる」「書誌情報（タイトル）が印字されないことがある」「下部のクレジットが大きく印刷される」「印刷時間がかかる」「図書館側の環境により印刷できない」という資料印刷に関する課題や，「利用環境を整える作業が煩雑」「図書館にあるコンピュータのブラウザバージョンの問題により，表示に不具合がある」などの回答があった。

図表 4-39　図書館送信サービスの課題（回答：導入館 322 館）

質問（複数回答あり）	2023 年回答数	/322	2022 年回答数	/298
(1) 利用が少ない	184	57.1%	148	49.7%
(2) 必要な資料・魅力的な資料が少ない	14	4.3%	12	4.0%
(3) 操作方法に工夫・改良の余地がある	79	24.5%	58	19.5%
(4) 運用・管理が煩雑である	63	19.6%	62	20.8%
(5) 設備や要員に係る負担が大きい	62	19.3%	51	17.1%
(6) 複写物の提供に係る判断が難しい	67	20.8%	58	19.5%
(7) 利用者への広報の仕方がわからない	32	9.9%	30	10.1%
(8) 特に課題はない	33	10.2%	37	12.4%
(9) その他	19	5.9%	19	6.4%
無回答	1	0.3%	6	2.0%
合計	554		481	

4.5.4　個人送信サービスの影響（回答：導入館 322 館）

　図書館送信サービスを導入している図書館に，「国立国会図書館個人向けデジタル化資料送信サービス」（以下，個人送信サービス）が開始されたことに伴う図書館送信サービスへの影響についてたずねた（図表 4-40）。本質問は今回新設した。

　「その他」には，「現時点では利用数が少ないため判断できない」「最近利用が少ないのは，個人送信サービス開始の影響だと思われる」「個人送信サービス開始後に導入したため比較ができない」などの回答があった。

図表 4-40　個人送信サービスの影響（回答：導入館 322 館）

質問（複数回答あり）	回答数	/322
(1)「個人送信サービス」の開始後に「図書館送信サービス」の利用が増加した	0	0.0%
(2)「個人送信サービス」の開始後に「図書館送信サービス」の利用が減少した	43	13.4%
(3) 特に影響はない	263	81.7%
(4) その他	12	3.7%
無回答	5	1.6%
合計	323	

4.5.5 個人送信サービス開始後の図書館送信サービスの位置づけ（回答：導入館322館）

図書館送信サービスを導入している図書館に，「個人送信サービスの開始」後の図書館送信サービスの位置づけ，利用案内の優先度等についてたずねた（図表4‑41）。本質問は今回新設した。

「その他」には，「利用頻度の高い利用者などには，個人利用も可能なことを案内している」4館などの回答があった。

図表4‑41　個人送信サービス開始後の図書館送信サービスの位置づけ（回答：導入館322館）

質問（複数回答あり）	回答数	/322
（1）見直しを行った	1	0.3%
（2）見直しを検討している	0	0.0%
（3）特に変更はない	280	87.0%
（4）その他	8	2.5%
無回答	36	11.2%
合計	323	

4.6　自治体 ICT 利用，学校連携等

4.6.1　自治体総合計画の ICT 活用における「電子図書館」の明記（回答：721 館）

　自治体の総合計画に ICT の活用として「電子図書館」が明記されているかどうかをたずねた（図表 4 - 42）。

　結果をみると，昨年よりも「明記されている」が増加してはいるが，まだほとんどの自治体において，ICT 活用に電子図書館は明記されていない。

　「その他」では，自治体総合計画の「生涯学習推進」の中で「電子図書館」を記載しているケースや，「教育関係の計画」や「県の DX グランドデザイン」の中で「ICT 教育環境，デジタルコンテンツの整備」が記載されているケースもみられる。

図表 4 - 42　自治体総合計画の ICT 活用における「電子図書館」の明記（回答：721 館）

質問（一つ選択）	2023 年回答数	/721	2022 年回答数	/600
(1) 自治体総合計画の ICT 活用に「電子図書館」が明記されている	85	11.8%	46	7.7%
(2) 自治体総合計画の ICT 活用に「電子図書館」は明記されていない	579	80.3%	515	85.8%
(3) その他	32	4.4%	24	4.0%
無回答	25	3.5%	15	2.5%
合計	721		600	

4.6.2　図書館の運営方式（直営，指定管理業者等）（回答：721 館）

　図書館の運営方式についてたずねた（図表 4 - 43）。

　結果は，「自治体の図書館運営はすべて自治体直営で運営」が 446 館（61.9%）で，昨年よりも 2.9 ポイント増加した。また，「すべて指定管理が運営」も 2.4 ポイント増加している。

　「その他」には，「PFI 手法による運営」2 館，「運営を委任」「本館と分館で運営方式が異なる」などの回答があった。

図表4-43　図書館の運営方式（直営，指定管理業者等）（回答：721館）

質問（一つ選択）	2023年回答数	/721	2022年回答数	/600
(1) 自治体の図書館運営はすべて自治体直営で運営している	446	61.9%	354	59.0%
(2) 自治体の図書館運営についてすべて指定管理業者が運営している	102	14.1%	70	11.7%
(3) 直営と一部指定管理が混在	33	4.6%	46	7.7%
(4) 直営と一部業務委託が混在	91	12.6%	83	13.8%
(5) 直営と一部指定管理と一部業務委託が混在している	24	3.3%	26	4.3%
(6) その他	18	2.5%	15	2.5%
無回答	7	1.0%	6	1.0%
合計	721		600	

4.6.3　電子書籍サービスと自治体内の学校（小中高校等）との連携内容（回答：721館）

　電子図書館サービスと自治体内の学校（小中高校等）との連携内容についてたずねた（図表4-44・45）。

　電子書籍サービス導入館325館中141館（43.4%）で学校での授業や読書活動に公共図書館の電子書籍サービスが利活用されており，昨年の33.5%から約10ポイント上昇していることに注目したい。一方で，昨年より11.1ポイント減少してはいるが，まだ多くの電子書籍サービスは学校連携されていない。また，デジタルアーカイブについてはほとんど利活用されていないことがわかる。

　「その他」「自治体内の小中学校の児童生徒へのID／パスワードの付与」「電子書籍サービス提供後，学校の授業や読書活動での利活用を予定」「学校図書館登録情報と，電子図書館登録情報の連携」などが18館，「朝読で利用」「地域資料について，学校の授業等で活用するように呼び掛けている」などの回答もあった。

図表4-44　電子図書館サービスと自治体内の学校（小中高校等）との連携内容（回答：721館）

質問（一つ選択）	2023年回答数	/721	2022年回答数	/600
(1)「電子図書館」のうち「電子書籍サービス」の学校の授業や読書活動での利活用	143	19.8%	75	12.5%
(2)「電子図書館」のうち地域資料等の「デジタルアーカイブ」の学校の授業等での利活用	31	4.3%	24	4.0%
(3)「電子図書館」に関しては特に連携は行っていない	221	30.7%	341	56.8%
(4) その他	32	4.4%	39	6.5%
無回答	319	44.2%	140	23.3%
合計	746		600	

図表 4–45　電子図書館サービスと自治体内の学校（小中高校等）との連携内容（回答：導入館 325 館）

質問（一つ選択）	2023年回答数	/325	2022年回答数	/206
(1)「電子図書館」のうち「電子書籍サービス」の学校の授業や読書活動での利活用	141	43.4%	69	33.5%
(2)「電子図書館」のうち地域資料等の「デジタルアーカイブ」の学校の授業等での利活用	21	6.5%	10	4.9%
(3)「電子図書館」に関しては特に連携は行っていない	147	45.2%	116	56.3%
(4) その他	31	9.5%	24	11.7%
無回答	10	3.1%	1	0.5%
合計	350		206	

4.6.4　図書館内で利用できる Wi-Fi サービス提供の有無（回答：721 館）

　図書館内で利用者が使える Wi-Fi サービスを提供しているかをたずねた（図表 4–46）。

　結果 7 割以上の図書館が無料の Wi-Fi サービスを提供していると回答している。

　「その他」には，「設置（導入）予定」15 館，「図書館がある複合施設等で利用できる Wi-Fi サービスがある」12 館などの回答があった。

図表 4–46　図書館内で利用できる Wi-Fi サービス提供の有無（回答：721 館）

質問	2023年回答数	/721	2022年回答数	/600
(1) 利用者が使える無料の Wi-Fi サービスがある	520	72.1%	393	65.5%
(2) 有料の Wi-Fi サービスを案内している	1	0.1%	0	0.0%
(3) Wi-Fi サービスは特に案内していない	149	20.7%	160	26.7%
(4) その他	48	6.7%	42	7.0%
無回答	3	0.4%	5	0.8%
合計	721		600	

4.6.5　図書館利用者カードへの「マイナンバーカード」の利用（回答：721 館）

　図書館利用者カードについて，「マイナンバーカード」を利用しているか，利用の検討をしているかについてたずねた（図表 4–47）。

図表4‑47　図書館利用者カードへの「マイナンバーカード」の利用（回答：図書館送信サービス導入館322館）

質問（一つ選択）	回答数	/721
(1)「マイナンバーカード」を図書館利用者カードとして利用している	83	11.5%
(2)「マイナンバーカード」を図書館利用者カードとして利用を検討中（現在は利用していない）	104	14.4%
(3)「マイナンバーカード」を図書館利用者カードとしての利用・利用検討はしていない	528	73.2%
無回答	6	0.8%
合計	721	

4.7　アンケート全体を通した意見・要望

　最後にアンケート全体を通した意見・要望をたずねた。

　回答のなかには，「（電子書籍サービスについて）利点が多々あることは承知しているが，当館（町）では導入し，管理しつづけることに大きな壁を感じる」という小規模の自治体での電子図書館サービスの導入に対する懸念や，電子書籍コンテンツに関して「コンテンツ使用料や使用可能年数・貸出回数制限について見直してほしい」「紙媒体と電子媒体のコンテンツ内容のすみわけを明確にしている例があったら知りたい」などの意見があった。

　また，「地方創生交付金やデジタル田園都市国家構想交付金のような交付金は行政内の折衝により他の事業に優先的に使われるため，交付金の使途を特定してほしい」「他の自治体の購入予算確保に関する取り組み（クラウドファンディングなど）を知りたい」など資金面の課題についての回答もあった。

4.8　調査のまとめと電子図書館サービスのこれから

　2020年の新型コロナ問題によって急増した「電子図書館・電子書籍サービス」の導入の増加傾向は2023年においても継続し，全国500以上の自治体での導入が進んだ（資料A）。

　本調査でもこれまでの回答の多くは電子書籍サービス未導入館であったが，今年は回答数の45％（図表4-2）が導入館となった。

　特徴的な結果をいくつかあげてみる。「導入後の利用（利用者）が計画よりも少ない」が約半数（49.2％，図表4-23）であり，電子書籍サービス導入後の利用促進・利用定着が大きな課題となっている。

　アンケートの結果から注目されるのは，利用実績が多い世代で，これまでの回答では30代〜50代の利用実績が多かったが，今回の結果では20歳未満の数が増加している（図表4-18）。また，電子書籍で必要なジャンルも，若年層向けのコンテンツである児童書・絵本，や図鑑・年鑑が増加，さらに，マンガ（コミック）についても増加している（図表4-16）。特に注目されるのは，電子書籍サービスを導入した図書館において，サービスの学校の授業や読書活動での利活用が43.4％（前年33.5％）に上昇していることである（図表4-45）。

　2020年の「GIGAスクール構想」により，学校の児童生徒には，1人1台端末が全員に配布され，授業での利活用が進みつつある。また，コンテンツとして電子教科書の授業利用が注目される中，自治体では子供の読書活動推進として電子書籍が注目されている。学校での朝の読書活動や家庭での読書機会の提供，授業や自由研究などで興味をもった分野の探究などで電子書籍の果たす役割は大きい。自治体の図書館と連携して電子書籍を活用するケースが学校で増えつつある。児童生徒は読書活動において，電子書籍を利用することに対する抵抗は少なく，図書館にとっても児童生徒に電子書籍サービスのIDを付与することで一定の利用数が確保できたケースがある。

　電子書籍サービスが提供する「読み放題パック」の導入により児童生徒が同一コンテンツを多人数で利用できる環境も整いつつある。事業者や出版社の工夫による電子書籍コンテンツの柔軟なサービスモデルができるのも電子書籍サービスの特徴と言える。

　電子書籍がこのように自治体の児童生徒はじめ多くの市民に利用され，地域の読書活動推進に寄与することで，コンテンツの充実やさらには電子書籍サービスの普及，サービスの良質化が図られることが期待される。

5章

電子図書館・電子書籍サービス
事業者への調査の結果と考察

5.1　調査の概要

5.1.1　電子図書館事業者アンケートの対象

　本章は，一般社団法人電子出版制作・流通協議会が 2023 年 7 月〜 9 月に行った電子図書館・電子書籍サービス事業者への調査の結果である。5.2 以下に，次の 10 社のアンケートの回答を掲載する（順不同）。各社の電子書籍への取り組みの最新動向が一覧できるので，参考としてほしい。

　なお，本年の調査では，「アクセシビリティサービス」を独立してたずねている。

①図書館流通センター（TRC）
②メディアドゥ
③丸善雄松堂
④京セラコミュニケーションシステム（京セラ CCS）
⑤紀伊國屋書店
⑥日本電子図書館サービス（JDLS）
⑦ Gakken
⑧ネットアドバンス
⑨ EBSCO Japan
⑩ポプラ社

5.1.2　電子図書館事業者が提供する電子書籍コンテンツ数

　図書館向け電子書籍コンテンツ数について，調査結果をもとに事業者別に一覧した（図表 5 - 1・5 - 2）。主に日本の出版社が発行する和書（日本語電子書籍）と，海外の出版社が発行する洋書（外国語電子書籍）とに区分して集計している。

　和書の合計は 625,603 タイトルで，前年より 90,705 タイトル増加している。ただし，複数の事業者が同じコンテンツを提供していることもあるため，合計数は，利用できる電子書籍の数（タイトル数）として参考にしてほしい。

　なお，著作権保護期間が終了したパブリックドメインの電子書籍コンテンツは原則として含んでいない。

図表5-1 事業者別提供電子書籍コンテンツ数：和書（日本語電子書籍）（単位：タイトル）

事業者	2020 年	2021 年	2022 年	2023 年	前年比
図書館流通センター	85,000	96,500	118,000	135,000	+17,000
メディアドゥ（Overdrive）	44,260	47,306	66,000	84,000	+18,000
丸善雄松堂	80,000	120,000	150,000	160,000	+10,000
京セラ CCS	3,000	6,000	7,300	7,300	+0
紀伊國屋書店	28,000	40,000	65,000	78,000	+13,000
JDLS	61,000	74,000	108,900	139,000	+30,100
Gakken	80	900	1,300	1,700	+400
ネットアドバンス			98	103	+5
EBSCO Japan	3,000	13,000	15,800	17,000	+1,200
ポプラ社		800	2,500	3,500	+1,000
合計	304,340	398,506	534,898	625,603	+90,705

＊各社の申告数値を集計（一部重複有）
＊2020 年以降は「オーディオブックの電子書籍」含む
＊パブリックドメインコンテンツ（青空文庫等）を除いた数値

図表5-2 事業者別提供電子書籍コンテンツ数：洋書（外国語電子書籍）（単位：タイトル）

事業者	2020 年	2021 年	2022 年	2023 年	前年比
図書館流通センター	1,500,000	1,700,000	1,749,300	1,910,000	+49,300
メディアドゥ	2,345,500	3,662,694	3,960,000	4,216,000	+297,306
EBSCO Japan	10,000	2,400,000	2,400,000	2,400,000	±0
合計	3,855,500	7,762,694	8,109,300	8,526,000	+346,606

5.2 図書館流通センター（TRC）

運営主体　　　株式会社図書館流通センター

サービス名　　電子図書館サービス LibrariE & TRC-DL

図書館向け電子書籍サービス開始年月　　2011 年 1 月

概要・特徴・コンセプト

・国内導入実績 No.1

・リフロー，フィックス，リッチ，動画，音声等さまざまなコンテンツタイプの電子書籍に対応

・独自資料登録方法やイベント企画等手厚いサポート

・障害者差別解消法，読書バリアフリー法対応視覚障害者利用支援サイト（テキスト版サイト）を標準搭載

最近の主なトピック（2022 年 9 月〜）

2023 年 3 月　LibrariE & TRC-DL のサービス利用可能人口が 50% を超える（日本の総人口の 50% 以上の約 6,400 万人の国民が LibrariE & TRC-DL を利用できる）

2023 年 4 月　児童書読み放題パックの大幅拡充での販売開始（25 〜 28 パック）

2023 年 6 月　電流協アワード 2023「特別賞」を LibrariE & TRC-DL が受賞

ターゲット

公共図書館，大学，短大，専門学校，高等学校，中学校，小学校，教育委員会，その他法人

タイトル数，品揃え（2023 年 7 月）

・和書：約 13 万 5,000 タイトル（青空文庫除く）

・洋書：約 191 万タイトル

アクセシビリティサービス

「テキスト版サイト」（視覚障害者向け利用支援サイト）の主な特色

・「LibrariE&TRC-DL」のサイトに標準搭載

＊2023 年 7 月 25 日現在の全契約／サイト数：337 件のうち 320 件が利用可能

・障害者手帳保有者のみ等の限定的な利用ではない，弱視やディスレクシア他の幅広い方への提供を基本

サービスモデル・サービスプラン（システム利用価格等）

・公共図書館向け図書館システム非連携版の場合（例）

初期導入費：70 万円〜，月額クラウド利用料：5 万円〜（自治体の規模により異なる）

コンテンツの利用提供モデル

・ライセンス形態：期限設定なし（買取型），期間限定型，期間限定型／回数制限

型等

ユーザー数（2023 年 7 月 25 日現在）

　・公共図書館：337 自治体，1,204 館

　・学校，その他：50 館

利用可能台数・DRM（利用制限）ポリシー

　・ライセンス数：1 ～ 3，マルチライセンス，読み放題型等

　・DRM（利用制限）ポリシー：ダウンロード，コピー，印刷不可

　　会社概要

　　会社名　株式会社図書館流通センター

　　URL　　https：//www.trc.co.jp/

　　所在地　東京都文京区大塚三丁目 1 番 1 号

　　設立　　1979 年（昭和 54 年）12 月 20 日

　　資本金　266,050 千円

　　代表者　代表取締役社長　谷一 文子

　　社員数　9,591 名（単体）（2023 年 1 月期）

　　連絡先　電子図書館推進部

　　　　　　Tel. 03-3943-2221

5.3　メディアドゥ

運営主体　　　　株式会社メディアドゥ（https：//overdrivejapan.jp/）

サービス名　　　OverDrive 電子図書館サービス／アクセシブルライブラリー

図書館向け電子書籍サービス開始年月

　2006 年 11 月　電子書籍配信サービス開始

　2014 年 5 月　米国 OverDrive 社と戦略的業務提携　電子図書館事業開始

　2022 年 6 月　視覚障害者向け電子図書館サービス「アクセシブルライブラリー」

　開始

概要・特徴・コンセプト

　■ OverDrive 電子図書館

　・電子図書館プラットフォーマー世界 No.1 である OverDrive 社と共に，3 万出版社，
　100 カ国語以上 430 万タイトルを超える世界中のコンテンツを提供する電子図書
　館サービス。電子図書館用デジタルコンテンツの購入や，貸出利用状況管理など
　ができる "電子図書館運営者側専用 Web サイト" と "利用者側専用電子図書館
　Web サイト" の 2 つの仕組みを提供する

・文部科学省事務連絡「1人1台端末環境下における学校図書館の積極的な活用及び公立図書館の電子書籍貸出サービスとの連携について」（2022年8月2日付け）で紹介された北海道帯広市をはじめ，学校の児童生徒に対し公立図書館の電子書籍貸出サービスのIDを一括で発行している事例（以下，学校連携）を積極的に実施支援。学校連携による電子図書館の利用促進を全国に拡大している

・2022年には全国初の取り組みとなる，長野県内の公共図書館・公民館図書室と県立長野図書館による協働電子図書館（デジとしょ信州）がスタート。すべての県民が居住する地域や世代の違い，障害の有無等にかかわらず，いつでも，どこからでも，無償で，必要とする情報（電子書籍）にアクセスできる環境を構築。県内の公共図書館公民館図書室が連携・協働し，県民の「学びの基盤づくり」と「公正な社会づくり」を支援している

■アクセシブルライブラリー

・メディアドゥが2022年6月よりサービスの提供を開始した視覚障害者専用の電子書籍音声読み上げサービス。視覚障害者が介助者なしで利用可能なユーザビリティを実現しており，テキスト形式の電子書籍データと，音声自動読み上げ技術を組み合わせて，電子書籍を音声で読むことを可能にしている

・音声自動読み上げは高速読み上げでも聞き取りやすい技術を採用しておりコンテンツはすべて読み放題で提供される

・昨今重要性が増している読書のアクセシブル化実現の先駆けとなり，既存の電子書籍ファイルとIT技術を活用して，視覚障害者でも多くのコンテンツと出合える社会の実現に貢献することが本サービスの目的である

・デジタル庁主催2022年度「good digital award」においてグランプリを受賞

・一般社団法人日本電子出版協会主催「第16回JEPA電子出版アワード2022」において大賞を受賞

最近の主なトピック（2022年9月～）

■OverDrive電子図書館導入館

2022年 9 月　サレジアン国際学園中学校高等学校

2022年10月　東京都江戸川区／大阪府泉南郡熊取町／大阪府柏原市／東京都町田市

2022年11月　北海道厚岸郡厚岸町／大阪府岸和田市

2023年 1 月　加藤学園高等学校

2023年 2 月　愛知県知立市

2023年 3 月　千葉県佐倉市／千葉県市川市（市川市立市川駅南口図書館）／群馬県前橋市

2023年 4 月　三重県度会郡玉城町／徳島県三好市／尚志高等学校／丹生高等学校／岩手県西磐井郡平泉町

2023年 8 月　ユナイテッド・ワールド・カレッジISAKジャパン／神石インター

ナショナルスクール

■アクセシブルライブラリー導入館

2022 年 10 月　東京都江戸川区／大阪府泉南郡熊取町／大阪府柏原市

2022 年 12 月　福岡県八女市

2023 年 2 月　愛知県知立市

2023 年 3 月　群馬県前橋市

2023 年 4 月　福岡県苅田町／徳島県三好市

2023 年 5 月　デジとしょ信州（長野県全 77 市町村）／神奈川県綾瀬市

2023 年 6 月　広島県福山市

ターゲット

■ OverDrive 電子図書館

・公共，大学，短大，専門学校，高等学校，中学校，小学校，労働組合，その他（企業）

■アクセシブルライブラリー

・公共（市区町村のみ）

・提供範囲は各自治体在住の視覚障害者に限る（要障害者手帳）

タイトル数，品揃え（2023 年 8 月）

■ OverDrive 電子図書館

・電子書籍合計：430 万タイトル以上（内　日本語：約 8 万 4,000 タイトル）

　オーディオブック合計：40 万タイトル以上（内　日本語 2,000 タイトル以上）

・読み放題雑誌：4,900 タイトル以上（内　日本語：115 タイトル）

■アクセシブルライブラリー

・電子書籍：1 万 6,000 タイトル以上

アクセシビリティサービス

■ OverDrive 電子図書館

・サイトは Web Content Accessibility Guidelines（WCAG）2.1 Level AA 準拠

・和書ビューアは TTS によるリフロー EPUB の読み上げに対応

　＊コンテンツによって非対応もあり

・オーディオブックや音声朗読機能付き電子書籍も多数提供

■アクセシブルライブラリー

・サイトは JIS X 8341-3:2016 の適合レベル AA 準拠

・すべての提供作品が音声読み上げ対応，読み放題での提供

・速度の変更機能や，読み上げ話者の変更（男声，女声など 8 種類）機能が搭載

サービスモデル・サービスプラン

・現在は新規導入キャンペーン実施中のため，通常価格とは異なる

・導入規模，種別に応じて御見積対応

■ OverDrive 電子図書館
・公共図書館
　初期費用：無償
　運用費：開始月から 1 年間無償，以降月間 3 万円～
・大学図書館
　初期費用：25 万円～
　運用費：月間 2 万円～
・企業図書館
　初期費用：10 万円
　運用費：月間 1 万円
・学校図書館
　初期費用：無償
　運用費：開始月から 1 年間無償，以降月間 1 万円
■アクセシブルライブラリー
・月額運用費区分（人）
　A：～ 10,000　　　　　　　　5,000 円
　B：10,001 ～ 30,000　　　　10,000 円
　C：30,001 ～ 50,000　　　　20,000 円
　D：50,001 ～ 100,000　　　 30,000 円
　E：100,001 ～ 500,000　　　50,000 円
　F：500,001 ～ 1,000,000　　70,000 円
　G：1,000,001 ～　　　　　 100,000 円

コンテンツの利用提供モデル

■ OverDrive 電子図書館
・買切モデル
・制限モデル（期間・回数・またはその両方）
・同時アクセス無制限モデル
■アクセシブルライブラリー
・サブスクリプションモデル

ユーザー数

■ Over Drive 電子図書館
・公共図書館 125 自治体，学校 27 校，大学 2 校，企業 19 社
■アクセシブルライブラリー
・公共図書館 90 自治体

利用可能台数・DRM（利用制限）ポリシー

■ OverDrive 図書館

・1ライセンス同時利用制限1ユーザーモデル

・提供権利元により，購入後の利用期間制限無しと有りのコンテンツがある

・複数人同時利用可能なコンテンツも有り

■アクセシブルライブラリー

・サブスクリプションモデル

・自治体に在住の視覚障害者に限定（要障害者手帳）

・サービス提供は市区町村に限る。現在，都道府県単位での提供は行っていない

会社概要

会社名　株式会社メディアドゥ

URL　　https：//mediado.jp/

所在地　東京都千代田区一ツ橋 1-1-1

設立　　1999 年 4 月

資本金　5,934 百万円（2023 年 2 月末日現在）

代表者　代表取締役社長 CEO　藤田 恭嗣／取締役副社長 COO　新名 新

社員数　409 名（2023 年 5 月末日現在）

連絡先　電子図書館専用お問合せ HP

　　　　https：//overdrivejapan.jp/contact/

　　　　e-mail contact_odj@mediado.jp

　　　　Tel. 03-6551-2826（電子図書館推進課直通）

5.4　丸善雄松堂

運営主体　　　　丸善雄松堂株式会社

サービス名　　　Maruzen eBook Library

図書館向け電子書籍サービス開始年月　　2012 年 2 月

概要・特徴・コンセプト

・370 社を超える学術専門出版社より販売可能な約 16 万タイトルの書籍（洋書含む）・雑誌・動画・読上げ・オーディオブックなどの電子書籍を提供中

・専門書・研究書・レファレンス・学術雑誌バックナンバーのほかに，文庫・新書，多読用リーダー，PC 教材・IT 資格教養書，旅行ガイド，就活本などの学生用図書も充実し，サービス開始から 960 機関以上の導入実績

・日本国内で最大級の機関向け電子書籍サービス

・全文横断検索やシリーズ内検索などの利便性が高く，いつでもどこでも閲覧や学修が可能で，図書館の利活用拡大に貢献している。必要な部分をタイトル毎に設

定された一定の条件下でPDFにダウンロードすることも可能。指定のページの URLをメールで知らせる機能もあり，事前に閲覧することで学修の効率化や授業への効果も期待できる。研究や学習に役立つ豊富なコンテンツは全分野を網羅しており，学習環境の向上をはかるコンセプトのもとに提供中。2022年7月にダウンロード機能の強化を行い，2023年8月には，閲覧機能を強化した新ビューアがリリースされ，全画面表示やメニューバーの表示・非表示が可能となり，利便性がさらに強化された

・2018年1月に音声付きコンテンツをリリース。同年7月より，読み上げ対応およびスマホ対応のコンテンツ（EPUBタイトル）や動画コンテンツをリリース。これらは，健常者だけでなく視覚に障がいを持つ利用者にとってもアクセシビリティの面で効果的であり，サブスクリプションパッケージなどの新たな購入モデルもスタートしている。また，プロのナレーターや声優による感情表現豊かな朗読音源を収録したオーディオブックを2022年5月よりリリースし，大作や名著も気軽に「聞き流し」が出来るようになり，幅広い年齢層の利用者にも大変好評である

・費用については，初期導入費や年間使用料などのランニングコストは不要で，コンテンツ費用のみ（コンテンツ費用は，1回払いのコンテンツが多く，一部サブスクリプション（年間契約）タイプのコンテンツもある）

・認証方法は，IPアドレス認証の他に，VPN，学認なども対応しているが，2021年にはリファラ認証にも対応し，利便性が高まっている

・2022年10月には，公共図書館向けの提供もスタート。2023年4月に兵庫県立図書館に大規模導入も行った

　＊公共図書館向けのサービス仕様は，学術機関向けとは異なる

沿革

2012年2月　サービス開始

2014年度　学術書の最新刊を冊子と電子のセットで年間を通じて継続的に提供する新サービス「新刊ハイブリッドモデル：人文社会編」をスタート。国内主要の人文社会系出版社6社が参加した画期的な新サービスとしてメディアにも取り上げられた。海外の大学でもMaruzen eBook Libraryの導入がスタート

2015年度　「新刊ハイブリッドモデル：自然科学編」スタート。理工系出版社7社が参加。また，一定期間の試読後に利用ログを参考に選書ができる「試読サービス」を開始。学認への認証対応を開始

2016年度　医学系出版社2社が参加した「新刊ハイブリッドモデル：医学編」がスタート。日本電子出版「電子出版アワード2016」にてデジタル・インフラ賞を受賞

2018年度　スマホ対応と読上げコンテンツ，動画コンテンツ，サブスクリプショ

ンパッケージをリリース

2019 年度　リクエスト機能の強化を実施。人社系雑誌バックナンバー「ざっさくプラス」とのリンクを開始

2020 年 4 月　新型コロナウィルス（COVID-19）対応。外部アクセス用共通 IDPW の発行（機関限定）。アクセス数拡大キャンペーン実施。電子復刻（イースト）との連携スタート

2021 年 2 月　電子書籍化リクエストウェブサイト開設

2021 年 6 月　米国議会図書館（Library of Congress：LC）へ提供

2021 年 7 月　2021 年度アクセス数拡大キャンペーン実施

2021 年 9 月　リファラ認証対応を開始

2021 年 9 月　JUSTICE 参加館向け特別提案を実施

2022 年 5 月　オトバンク（https://www.otobank.co.jp/）と連携し，オーディオブックを発売開始

2022 年 7 月　ダウンロード機能と検索機能を強化。ダウンロード時に，あらかじめ登録したドメインでのメールアドレスを入力することで不適切な利用を防止。検索機能では簡易検索や詳細検索の表示が選べるようになり，利用者主体の検索表示機能を実現。その他，オートコンプリート機能やおすすめ本表示機能なども好評

最近の主なトピック（2022 年 9 月～）

2022 年 10 月　公共図書館向けサービス開始

2023 年 8 月　閲覧画面（ビューア）改善を実施

ターゲット

・大学（海外含む），短大，専門学校，高等学校，研究機関，公共図書館，その他（企業・病院等）

タイトル数，品揃え（2023 年 8 月現在）

・販売可能 16 万タイトル

アクセシビリティサービス

・読上げ対応コンテンツ（EPUB タイトル）は，文字の拡大や文字色の反転表示も可能。動画は，細かくチャプター毎に再生可能になっているタイトルも多い

サービスモデル・サービスプラン

・初期導入費や維持管理費は不要。冊子と同様に 1 点からの一回払いで契約が可能

・同時アクセス数による価格設定で同時アクセス 1 または同時アクセス 3 の価格をタイトルごとに設定

・アクセス数を増やす（アップグレード）ことも可能（要問合せ）

・年間契約（サブスクリプション）のタイトルも有り

・IP アドレスの認証方式により複数キャンパスの利用も追加費用の発生が無く可

能・購入タイトルには無償で CATP に準拠した MARC データも提供
・ダウンロードした PDF には DRM（ダウンロードしたページには"注記"と"すかし""メールアドレス"が入っている）をかけ，さらにパスワード設定で保護

ユーザー数（2023 年 8 月現在）

・960 機関以上

会社概要

会社名	丸善雄松堂株式会社
URL	https：//yushodo.maruzen.co.jp
所在地	東京都港区海岸 1 丁目 9 番 18 号国際浜松町ビル
設立	1869（明治 2）年 1 月 1 日
資本金	1 億円
代表者	代表取締役社長　矢野 正也
社員数	正社員：340 名，臨時職員 3,200 名（2023 年 2 月時点）
連絡先	丸善雄松堂株式会社学術情報ソリューション事業部
	Maruzen eBook Library 担当
	e-mail ebook-i@maruzen.co.jp
	Tel. 03-6367-6099
	受付時間：9:00 〜 17:30（土・日・祝日，年末年始を除く）

5.5　京セラコミュニケーションシステム（京セラ CCS）

運営主体　　　京セラコミュニケーションシステム株式会社
サービス名　　公共図書館システム「ELCIELO（エルシエロ）」でのオーディオブック配信サービス
図書館向け電子書籍サービス開始年月　　2020 年 2 月
概要・特徴・コンセプト

・2019 年の「視覚障害者等の読書環境の整備の推進に関する法律」（通称「読書バリアフリー法」）施行をうけ，これまで読書が困難であった人でも読書を楽しむことができる環境づくりをめざし，2020 年より公共図書館向けにオーディオブック配信サービスを開始
・日本最大級のオーディオブック配信サービス「audiobook.jp」（オトバンク社）と連携
・公共図書館システム ELCIELO の WebOPAC 上で，紙書籍と同じようにオーディオブックの検索ができ，そのまますぐに視聴が可能。来館の必要はなく，専用ア

プリや特別なプラグインのインストールも不要

- 電子図書館貸出用に一冊一冊購入する形式ではなく，定額聴き放題型のサービス提供。サービス開始すぐから数千タイトルの配信が行えるため，導入時の初期費用の負担を軽減（2023年8月時点約7,300タイトルを配信済み）
- すべてのタイトルが人気声優やナレーターによる読み上げのため，機械の音声合成が苦手な方や，オーディオブックを初めて利用される方にも聞きやすい

最近の主なトピック（2022年9月〜）

2022年11月　「現代用語の基礎知識」選2022ユーキャン新語・流行語大賞に「オーディオブック」がノミネート

2023年3月　定額聞き放題のオプション機能として，各自治体にて個別にコンテンツを購入できる「個別購入サービス」（同時利用数制限あり）の提供を開始

ターゲット

- 公共図書館

タイトル数，品揃え（2023年8月現在）

- 約7,300タイトル。以降，適時追加していく予定
- 個別購入可能なコンテンツを追加（同時利用数制限あり）

アクセシビリティサービス

- オーディオブックの提供により，読書が困難であった人でも読書を楽しむことが可能
- コンテンツの検索画面において，様々な色覚を持つ方のためのCUD対応，画面の音声読み上げ等をおこなう「やさしいブラウザ」を搭載（公共図書館システムELCIELOのWebOPAC機能）

サービスモデル・サービスプラン

- 初期費用：30万円〜（お客様のシステムの状況により変動）
- 月額利用料：7万5,000円〜（配信対象の利用者区分，自治体の人口に応じて変動。利用料内にオーディオブック配信用システムとコンテンツ両方の利用料を含む）

コンテンツの利用提供モデル

- 定額聞き放題型（サブスクリプションモデル）

ユーザー数（2023年8月）

- 正式サービスイン機関数：12自治体
- トライアル申込機関数：60自治体，4機関

利用可能台数・DRM（利用制限）ポリシー

- 各コンテンツへの同時接続の制限はなし
- 個別購入については購入分のセッション管理

会社概要

会社名　京セラコミュニケーションシステム株式会社

URL　　https：//www.kccs.co.jp

所在地　京都府京都市伏見区竹田鳥羽殿町 6（京セラ本社ビル内）

設立　　1995 年 9 月 22 日

資本金　29 億 8,594 万 6,900 円

代表者　代表取締役社長　黒瀬 善仁

社員数　4,291 名（2023 年 3 月末現在）

連絡先　KCCS カスタマーサポートセンター

　　　　https://www.kccs.co.jp/contact/ja/ict/?category=education&service=audiobook

5.6　紀伊國屋書店

運営主体　　　　株式会社紀伊國屋書店

サービス名　　　KinoDen（キノデン）Kinokuniya Digital Library

　　　　　　　　（https://kinoden.kinokuniya.co.jp/product/index.html）

図書館向け電子書籍サービス開始年月　　2018 年 1 月

概要・特徴・コンセプト

・図書館・機関向け学術和書電子書籍サービス

・インターネットブラウザを通じてコンテンツにアクセス，デバイスに応じて最適な利用を可能にするレスポンシブデザインを採用。フォーマットは PDF に加えて EPUB にも対応

・未購入の電子書籍の試し読みと利用者による図書館へのリクエスト機能を提供

・購入・未購入の電子書全点を対象に本文を含む書籍情報を横断検索が可能なため，図書館の利用者向けレファレンスツールとしても活用できる

・法人向けオンラインストア「BookWeb Pro」もしくは「PLATON」を選書・発注ツールとして提供。冊子体と電子書籍の横断検索のほか，購入前の試し読みも可能

・iOS，Android 向けアプリ「bREADER Cloud」を提供。しおり，マーカー，メモ機能の利用で快適な閲覧が可能に。また，文字拡大・白黒反転等アクセシビリティにも配慮

・ブラウザおよびアプリでの音声読み上げに対応（EPUB リフロー形式，かつ出版社により許諾されたタイトルのみ）

最近の主なトピック（2022 年 9 月〜）

2023 年 5 月　独自資料を搭載する機能を追加（有償オプション）

2023 年 6 月　アプリ上での音声読み上げ機能を追加

2023 年 6 月　オーディオブックをアプリだけでなくブラウザでも再生する機能を追加

2023 年 7 月　ブラウザでのキーワード検索時に結果を引き継いで本文表示・閲覧ができるように改良

ターゲット

・大学，短大，専門学校，公共図書館，研究機関，団体

電子書籍タイトル数，品揃え（2023 年 8 月現在）

・和書：約 7 万 8,000 タイトル

・今後も参加出版社，コンテンツ数を積極的に増やしていく

アクセシビリティサービス

・ブラウザおよびアプリでの音声読み上げ機能（出版社が許諾した EPUB リフロー形式のコンテンツが対象）

・アプリ利用時に背景色の変更（白黒反転），文字サイズの変更が可能

・「電子図書館のアクセシビリティ対応ガイドライン 1.0」に基づき，サイト・インターフェイスの操作性向上を目指した開発を行っていく

サービスモデル・サービスプラン（システム利用価格等）

・コンテンツ単品完全買切型（セット販売，シリーズ継続販売を含む）

・サブスクリプション型（パッケージ販売）

コンテンツの利用提供モデル

・契約機関内ネットワーク利用者限定のオンラインアクセスを許可

・リモートアクセスも原則許可

・本文同時オンラインアクセス制限方式（同時ライセンス数：1 〜 3）

ユーザー数（2023 年 8 月時点）

・480 館（大学（海外を含む），企業，官公庁，公共図書館で実績あり。内訳は非公表）

利用可能台数・DRM（利用制限）ポリシー

・検索，書誌情報の閲覧まではアクセス数の制限なし。コンテンツの閲覧を開始すると，同時アクセス数の制限がかかる

・PDF フォーマットの場合，出版社が許諾した範囲での印刷・ダウンロードが可能

・アプリでの閲覧時に通信環境が必要（完全オフラインでの閲覧はできない）。アプリは DRM 制限を設けている

会社概要

会社名　株式会社紀伊國屋書店

URL　　https：//www.kinokuniya.co.jp/

所在地　東京都新宿区新宿 3-17-7

設立　　1946 年 1 月 16 日

資本金　36,000 千円

代表者　代表取締役会長　高井 昌史

　　　　代表取締役社長　藤則 幸男

社員数　5,000 名

連絡先　デジタル情報営業部

　　　　e-mail ict_ebook@kinokuniya.co.jp

　　　　Tel. 03-6910-0518

5.7　日本電子図書館サービス（JDLS)

運営主体　　株式会社日本電子図書館サービス（https：//www.jdls.co.jp/）

図書館向け電子書籍サービスサービス名　　LibrariE（ライブラリエ）

開始年月　　2015 年 4 月

概要・特徴・コンセプト

- ・LibrariE は，公共図書館，大学・学校など教育機関の図書館，その他法人の図書館向けに電子図書館のプラットフォームを提供し，電子書籍を配信するクラウド型トータルサービス
- ・図書館は購入した電子書籍の利用ライセンスに基づいて利用者への貸出を行う。電子書籍は利用者の端末にストリーミング配信される
- ・電子図書館の機能としては，独自に開発した「選書オーダリングシステム」により，図書館担当者が「新着コンテンツ」や「ランキング」を参照しながらオンラインで随時，検索・選書・発注処理が行える。契約管理，予算管理の機能も備えている。利用者用ポータルのデザイン変更はフレキシブルに行え，図書館ごとの特色を活かしたポータル画面を提供できる
- ・図書館の独自資料のポータルとしても一体的に機能させることができる
- ・LibrariE のシステムはクラウドコンピューティングで構築されており，図書館側に専用サーバ等の設置は不要。また利用者は専用アプリを必要としない。ネット環境があれば簡単な手続きですぐにも導入・利用が可能なためシステム導入〜運用の労力や費用の低減が図れ，かつ安全で安定した利用者サービスを提供できる
- ・図書館向け電子書籍の利用ライセンスは，有期限（2 年 .5 年等）が多いが，無期限のコンテンツも大きく増加している。有期限ライセンスには貸出回数制限のあるものとないものがあり，都度課金制への移行が可能なものもある。各ライセンスは複数購入も可能。複数の利用者が契約期間内で同じコンテンツを同時に読め

るパッケージ商品の「期間内読み放題パック」も提供している

・公共図書館・大学・学校等幅広い利用を前提に収集しているコンテンツは，2023年11月1日時点で約13万9,000タイトル。順調に増加を続けており，参加出版社は400社を超えている。国内の電子図書館サービスとして質量ともに「日本語コンテンツ No.1」規模を謳っている

最近の主なトピック（2022年9月～）

2022年11月　図書館総合展2022に動画『「期間内読み放題コンテンツ」の現状と今後』にて参加

2022年12月　LibrariE が第16回 JEPA 電子出版アワード2022「デジタル・インフラ賞」を受賞

2023年4月　「期間内読み放題パック」のラインアップを拡大し11社31種のパック商品を販売開始

2023年5月　搭載コンテンツ数が13万点に到達

2023年6月　音声・動画付き「リッチコンテンツ」を約2,400点，選書システムに搭載

ターゲット

・大学，短大，高専，高等学校，小・中学校，公共図書館，研究機関，企業，団体

タイトル数，品揃え（2023年11月）

・約13万9,000タイトル

・図書館向けであることから「文字もの」を中心に，分野のバランスと全体的な質を意識して収集している

アクセシビリティサービス

・リフローコンテンツについては，文字サイズ変更，背景色の変更が可能。音声読上げについては，多種の端末に対応したストリーミング配信であるため，端末のTTSではなく LibrariE の音声読上げ機能を使用する。リフローコンテンツは，原理上は音声読上げに対応するが，権利関係があり，「音声読上げボタン」が表示されないコンテンツもある。現在リフローコンテンツの30％程度の音声読上げ可能を増加させるべく権利者との交渉を続けアクセシビリティ向上に継続的に取り組んでいる

・本年6月に約2,400点を搭載した「リッチコンテンツ」にはさまざまなタイプがあるが，文字情報を補完する音声提供可能なアクセシビリティに優れたコンテンツも含まれている

サービスモデル・サービスプラン（システム利用価格等）

・クラウド型電子図書館サービスで PC・スマホ・タブレットなどのウェブブラウザだけで閲覧可能。専用アプリは不要

・サービス導入の初期費用等は代理店へ問い合わせ

コンテンツの利用提供モデル

・ライセンスモデルはコンテンツごとに設定。現在下記の種類がある

ライセンス販売型

期間限定型

期間限定型（回数限定）

期間限定型（マルチユーザー）

期間内読み放題型

ユーザー数（2023 年 11 月 1 日）

・大学図書館 162 館，学校図書館 173 館，公共図書館 356 館，その他団体 7 館，合計 689 館

利用可能台数・DRM（利用制限）ポリシー

・ダウンロード，コピー，印刷不可

・ライセンス有効期間，貸出回数上限数，ライセンス購入上限数は各コンテンツ提供者との契約による

・図書館における貸出期間は各図書館の利用規程による

会社概要

会社名	株式会社日本電子図書館サービス
URL	https://www.jdls.co.jp
所在	東京都品川区西五反田 3-7-9 平澤三陽ビル 9 階
設立	2013 年 10 月 15 日
資本	60,000 千円
代表	代表取締役社長 二俣富士雄
社員数	8 名
連絡先	e-mail info@jdls.co.jp
	Tel. 03-6420-0826　Fax. 03-6420-0827

5.8　Gakken

運営主体　　株式会社 Gakken（https://www.corp-gakken.co.jp/）

サービス名　学研ライブラリー（https://gk-library.gakken.jp/）

学研スクールライブラリー

（https：//gakken-ep.jp/extra/gakkenschoolelibrary_info/）

2023 年 12 月中旬に個人向けサービスを「学研図書ライブラリー」から「学研ライブラリー」にリニューアル予定

図書館向け電子書籍サービス開始年月　　2020 年 11 月

概要・特徴・コンセプト

- ・児童, 生徒に人気の株式会社 Gakken が発行する書籍を 1,600 冊以上掲載。読み物, 絵本, 学習まんが, 図鑑など学習に役立ち読書習慣が身につく本が読める。さらに毎月新規タイトルを追加配信
- ・各児童, 生徒に専用のアカウントを発行。アプリ不要でネット環境があればすぐに利用することができる
- ・スマホ・タブレット PC などマルチデバイスに対応。自宅での利用もできる
- ・教科書と同じく, 全員が同じ本を同時に読むことができるので, 授業や宿題, 協働学習, 朝読書など幅広い学習での利用が可能

最近の主なトピック（2023 年 9 月〜）

- ・株式会社内田洋行が運営する学習 e ポータル「L-Gate」と連携開始

ターゲット

- ・学研図書ライブラリー：個人
- ・学研スクールライブラリー：小学校, 中学校（海外の日本人学校等含む）, 企業・団体

タイトル数, 品揃え（2023 年 11 月）

- ・学研図書ライブラリー：約 1,600 タイトル
- ・学研スクールライブラリー：約 1,700 タイトル
- ・すべて和書, 電子書籍

サービスモデル・サービスプラン（システム利用価格等）

- ・個人利用は月額 500 円（税別）, その他のモデルは非公開

コンテンツの利用提供モデル

- ・読み放題

ユーザー数（2023 年 8 月）

- ・非公開

利用可能台数・DRM（利用制限）ポリシー

- ・非公開, ID あたり 5 アクセスの利用制限

　　会社概要

　　会社名　株式会社 Gakken

　　URL　　https：//www.corp-gakken.co.jp/

　　所在地　東京都品川区西五反田 2-11-8

　　設立　　2009 年 1 月

　　資本金　50,000 千円

　　代表者　五郎丸 徹

社員数　700 名

連絡先　Tel. 03-6431-1240

5.9　ネットアドバンス

運営主体　　　株式会社ネットアドバンス

サービス名　　ジャパンナレッジ（JapanKnowledge）（https://japanknowledge.com/）

図書館向け電子書籍サービス開始年月　2001 年 4 月 16 日

概要・特徴・コンセプト

・ジャパンナレッジは，インターネット上で利用できる，膨大な知識情報を収録したデータベースである。調べたい言葉を入力すると，100 以上の百科事典や辞書，叢書類を一括検索して，信頼できる知識情報を提供。検索対象コンテンツや検索条件等の絞り込み機能により，より適切な情報を得ることもできる

最近の主なトピック（2022 年 9 月～）

2022 年 9 月　JKBooks「天皇皇族実録」（ゆまに書房）サービス開始

2022 年 12 月　「新釈漢文大系」（明治書院）サービス開始

2023 年 1 月　JKBooks「史料纂集」（八木書店）サービス開始

2023 年 3 月　JKBooks「平安遺文」（東京堂出版）サービス開始

ターゲット

・大学，短大，専門学校，高等学校，研究機関，団体，企業

電子書籍タイトル数，品揃え（2023 年 8 月）

・搭載コンテンツ数：103 タイトル

アクセシビリティサービス

・一部対応，順次追加対応予定

サービスモデル・サービスプラン（システム利用価格等）

・サブスクリプション（買い切り型の JKBooks との併用も可）

・法人会員料金：年額 25 万 800 円（税別）～

＊2023 年 8 月現在。2024 年 4 月に価格改定予定

・入会費：入会費：1 万 5,000 円（税別／登録，初期設定費用。初回契約時のみ必要）

＊2023 年 8 月現在。2024 年 4 月に価格改定予定

コンテンツの利用提供モデル

・導入機関ごとのアクセス数による制限

ユーザー数（2023 年 8 月）

・712 法人

利用可能台数・DRM（利用制限）ポリシー

同時アクセス数による管理，端末数による制限なし

会社概要

会社名　株式会社ネットアドバンス

URL　　https：//japanknowledge.com/company/

所在地　東京都千代田区神田神保町 2-30

設立　　2000 年 10 月 18 日

資本金　100,000 千円

代表者　相賀 信宏

社員数　25 名

連絡先　Tel. 03-5213-0871

5.10　EBSCO Information Services Japan

運営主体　　　EBSCO Information Services Japan 株式会社

　　　　　　　（https：//www.ebsco.com/ja-jp）

サービス名　　EBSCO eBooks

コンテンツ配信ビジネス開始年月　　2005 年 12 月

概要・特徴・コンセプト

・EBSCO eBooks は，海外・国内の主要出版社および大学出版局の電子書籍を取り扱っている。購読可能タイトルは 240 万件以上におよび，個別タイトルのほか，学術・フィクション・ビジネス・医療などの分野ごとにベストセラー，新書，受賞タイトル等をまとめたサブジェクトセット，お客様のご希望の予算と分野に合わせたカスタムパッケージも提供している

最近の主なトピック

・大学出版局や学術出版社のオープンアクセス eBook を収録した eBook Open Access Collection をリリースし，無料で提供開始。現在，11,000 タイトル以上を収録し，新規タイトルは年 2 回追加される。ターゲットは主に学術図書館を対象としているが，希望する図書館にも提供している

・司書資格を持った専門チームが選書した洋書コレクション 2023 年版をリリース。分野は，AI，ネットワークとセキュリティ，データサイエンス，暗号通貨 / Web3.0，環境と気候変動，エネルギーとグリーンテクノロジー，生体医工学，Doody's Core タイトル，公衆衛生と疫学，LGBTQ+ 研究，アクセシビリティと障害，その他多数と多岐に渡る。問い合わせに応じてタイトルリストを提供している

ターゲット

・大学，短大，専門学校，高等学校，中学校，小学校，研究機関，団体，その他（公共図書館，医療機関）

電子書籍タイトル数，品揃え（2023 年 8 月）

・国内外 1,500 以上の出版社の eBooks 240 万タイトル以上を販売。うち，和書（電子書籍）は 1 万 7,000 タイトル以上

アクセシビリティサービス

・EBSCO eBooks は，Web Content Accessibility Guidelines（WCAG）2.1 レベル A，および AA，米国連邦リハビリテーション法第 508 条基準，公共機関向けの英国および EU のアクセシビリティ法に準拠。ARIA（Accessible Rich Internet Applications）のベストプラクティスと W3C Web Accessibility Initiative の推奨事項にも準拠

サービスモデル・サービスプラン（システム利用価格等）

・買い切り型：1 ユーザー，3 ユーザー，無制限アクセス

・年間購読型：無制限アクセス（洋書のみ）

コンテンツの利用提供モデル

・1 ユーザー，3 ユーザー，無制限アクセスの購読モデル

・サブスクリプションモデルのコレクションについては，全タイトル同時アクセス無制限

・2018 年 5 月に DRM（デジタル著作権管理）フリーの洋書電子書籍の提供を開始

・EBSCO 社提供の洋書電子書籍のうち，41 万タイトル以上について，DRM フリー版の購入が可能

ユーザー数（2023 年 8 月）

・約 400 機関（学術機関 84%，企業 7%，研究機関／政府 7%，その他 2%）

利用可能台数・DRM（利用制限）ポリシー

会社概要

会社名　EBSCO Information Services Japan 株式会社

URL　　https://www.ebsco.com/ja-jp

所在地　東京都杉並区高円寺北 2-6-2 高円寺センタービル 3F

設立　　2015 年 9 月（日本法人），1944 年（アメリカ本社）

資本金　100 千円

代表者　ジェームス・デビッド・ウォーカー

社員数　21 名

連絡先　e-mail jp-ebook@ebsco.com

　　　　Tel. 03-4540-7169

5.11　ポプラ社

運営主体　　　株式会社ポプラ社

サービス名　　Yomokka!（よもっか！）（https://kodomottolab.poplar.co.jp/mottosokka/
　　　　　　　yomokka/）

図書館向け電子書籍サービス開始年月

　・2021 年 7 月　全国の小・中学校向けに無料トライアルサービスとして提供を開始

　・2022 年 4 月　全国の主に小・中学校向けに有料サービスとして提供を開始

概要・特徴・コンセプト

　1）概要

急速にデジタル化する環境のなかで，新たな興味の発芽を促し，こどもたちひとりひ
とりが自分の関心に沿った「読書体験」や「探究体験」が得られることをめざした〈本
と学びのプラットフォーム〉「MottoSokka!（もっとそっか！）」の第一弾サービス。小・
中学校 1 人 1 台の GIGA スクール端末に対応した電子書籍読み放題サービス

　2）コンセプト

「いつでもどこでも好きなだけ！」。本が大好きなこどものためにも，本に興味がも
てないこどものためにも，すべてのこどもたちに新しい読書体験を届けたいという
出版社の想いが込められている

　3）想定される活用シーン

「朝の読書」の時間，授業中の並行読書，すき間時間や自習の時間，端末を持ち帰っ
て家庭で，など。読み放題のサブスクリプションサービスならではの「貸出数の制
限なし」「いつでもどこでも」「同時に何人でも」読める読書環境を提供

　4）主な機能

　・32 社・約 3,500 タイトル（2023 年 8 月現在）の電子書籍の閲覧（貸出数の制限
　　なし）

　・読書した感想や自分の作った書籍のランキングを他のユーザーに共有できる機能

　・「きょうの 1 さつ」（ガチャを回して新しい本と出会う機能）

　・「自分の本だな」（自分だけの本棚を管理し，読んだ本の履歴を残せる機能）

　・朝日小学生新聞の「1 面 TOP」と「ニュースあれこれ」の閲覧

　・こどもたちの読書の傾向や利用状況を把握する機能（先生など管理者用の画面）

最近の主なトピック（2022 年 9 月〜）

　・2022 年 12 月に，「MottoSokka!」が「JEPA 電子出版アワード 2022（第 16 回）スー
　　パー・コンテンツ賞」を受賞

　・2023 年 4 月に，掲載書籍が 3,000 冊を突破

　・2023 年 8 月下旬に，実際に利用しているユーザーの声を反映し，デザインのリ

ニューアルを実施

ターゲット

・小学校・中学校向け（義務教育学校，高等学校，小中高一貫校，中高一貫校，高等専門学校，特別支援学校，在外教育施設を提供対象に含む）

タイトル数，品揃え（2023 年 8 月現在）

・32 社の約 3,500 タイトルを掲載

・出版社・掲載作品は順次追加予定

アクセシビリティサービス

・ビューア上での音声読み上げ機能に対応（リフロー書誌のみ）。音声読み上げ機能に対応している書誌の検索も可能

・実際に利用しているユーザーへアンケート等を行い，よりこどもたちに寄り添ったインターフェースへのリニューアルを実施

　＊カラーユニバーサルデザインにも配慮

サービスモデル・サービスプラン（システム利用価格等）

・GIGA スクール端末向け電子書籍読み放題サービス

コンテンツの利用提供モデル

・1 人 1 ID での提供

ユーザー数（2023 年 8 月）

・2022 年 4 月より，有料契約開始

・申込数は自治体経由，単校申込をあわせて約 100 校，発行 ID 数は児童生徒 ID で約 26,000ID（2023 年 8 月現在）

利用可能台数・DRM（利用制限）ポリシー

・ご契約いただいている ID 数で利用が可能

・電子書籍ビューアにはソーシャル DRM を搭載（印刷は不可）

会社概要

会社名　株式会社ポプラ社

URL　　https：//www.poplar.co.jp/

所在地　東京都千代田区麹町 4-2-6 住友不動産麹町ファーストビル 8・9 階

設立　　1948 年 6 月 2 日

資本金　3,050 万円

代表者　代表取締役社長　千葉 均

社員数　197 名

連絡先　ホームページをご参照ください

資料

［資料A］ 公共図書館の電子書籍サービスの動向

1．公共図書館における電子書籍サービスの導入状況

　公共図書館における，2023年10月1日現在の電子書籍サービス導入自治体・電子図書館数は以下の通りである。

　・導入自治体　520自治体（昨年同日（433）比＋87自治体）
　・電子図書館　415館（同（341）比＋74電子図書館）
　（各自治体の導入状況は図表A-4参照）

　電子図書館数と実施自治体数の差分は，複数の自治体が一つの電子図書館（電子書籍貸出サービス）を実施している，広域電子図書館9館による（図表A-1）。

図表A-1　広域電子図書館（2023年10月1日現在）

広域電子図書館名	実施自治体	開始時期
播磨科学公園都市圏域定住自立圏電子図書館	兵庫県（たつの市,宍粟市,上郡町,佐用町）2市2町	2018年1月
きくち圏域電子図書館	熊本県（菊池市，大津町）1市1町	202 年12月
たまな圏域電子図書館	熊本県（玉名市,玉東町,和水町,南関町）1市3町	2021年7月
ありあけ圏域電子図書館	福岡県（大牟田市，柳川市，みやま市），熊本県（長洲町）3市，1町）	2022年5月
デジとしょ信州	長野県（77自治体）1県19市22町35村	2022年8月
比企広域電子図書館　比企eライブラリー	埼玉県（東松山市,滑川町,嵐山町,小川町,川島町，ときがわ町）1市6町	2022年9月
ミライon図書館	長崎県（長崎県，大村市）1県1市	2023年03月
沖縄県　図書館未設置離島用電子書籍サービス	沖縄県（竹富町，与那国町，粟国村，渡嘉敷村，座間味村，伊江村，伊是名村，伊平屋村，北大東村，南大東村）2町8村	2023年03月
しあわせ電子図書館	福岡県（大野城市,粕屋町,志免町,新宮町）1市3町	2023年04月

　電子出版制作・流通協議会（電流協）では，公共図書館の電子書籍サービス実施図書館情報を2018年7月からウェブ上で公開し，1月1日，4月1日，7月1日，10月1日付で実施している電子図書館（自治体）を更新している[1]。

資料

176

2．公共図書館の電子書籍サービス導入自治体数（年別）

2007 年からの年毎の電子書籍サービス導入の推移は図表 A‑2 のようになる。

図表 A‑2　公共図書館　電子図書館サービス
　　　　　（電子書籍サービス）導入自治体
　　　　　数推移（2007 〜 2023 年）

年（1 月 1 日〜 12 月 31 日）	増加数 （自治体）	累計数 （自治体）
2007	1	1
2011	4	5
2012	5	10
2013	9	19
2014	8	27
2015	8	35
2016	18	53
2017	11	64
2018	21	85
2019	5	90
2020	53	143
2021	129	272
2022	189	461
2023（〜 10 月 1 日）	59	520

3．公共図書館の電子書籍サービス導入自治体数（都道府県別）

2023 年 10 月 1 日現在全国の 520 自治体で導入している電子図書館であるが，これを各都道府県別でみると以下のようになる（図表 A‑3）。

自治体普及率（自治体数ベース）は 29.1%（自治体数合計 1,788（都道府県 47，政令市 20，特別区 23，市 772，町 743，村 183）[2]）。

電子書籍サービスを導入した基礎自治体の人口合計は 7,786 万人[3] となり，日本の全人口 1 億 2,614 万人（同）比較すると 61.7% となり，6 割以上の住人は自治体の電子図書館が利用できる。

1　https://aebs.or.jp/Electronic_library_introduction_record.html
2　広域行政・市町村合併. 総務省. https://www.soumu.go.jp/kouiki/kouiki.html,（参照 2023-11-06）.
3　令和 2 年国勢調査　調査の結果. 総務省統計局. https://www.stat.go.jp/data/kokusei/2020/kekka.html,（参照 2023-11-06）.

図表 A - 3　公共図書館　電子図書館サービス（電子書籍サービス）都道府県別導入自治体数集計

番号	都道府県	2022 年 10 月 1 日	2023 年 10 月 1 日	増加数	自治体数 （都道府県含む）	2023 年 普及率
1	北海道	12	16	4	180	8.9%
2	青森県	3	3	0	41	7.3%
3	岩手県	4	5	1	34	14.7%
4	宮城県	2	2	0	36	5.6%
5	秋田県	0	0	0	26	0.0%
6	山形県	1	1	0	36	2.8%
7	福島県	3	6	3	60	10.0%
8	茨城県	15	18	3	45	40.0%
9	栃木県	9	12	3	26	46.2%
10	群馬県	3	6	3	36	16.7%
11	埼玉県	34	37	3	64	57.8%
12	千葉県	17	22	5	55	40.0%
13	東京都	27	35	8	63	55.6%
14	神奈川県	14	17	3	34	50.0%
15	新潟県	2	4	2	31	12.9%
16	富山県	3	4	1	16	25.0%
17	石川県	7	8	1	20	40.0%
18	福井県	0	0	0	18	0.0%
19	山梨県	2	3	1	28	10.7%
20	長野県	78	78	0	78	100.0%
21	岐阜県	9	9	0	43	20.9%
22	静岡県	8	10	2	36	27.8%
23	愛知県	17	20	3	55	36.4%
24	三重県	3	6	3	30	20.0%
25	滋賀県	2	2	0	20	10.0%
26	京都府	4	6	2	27	22.2%
27	大阪府	24	26	2	44	59.1%
28	兵庫県	16	21	5	42	50.0%
29	奈良県	13	14	1	40	35.0%
30	和歌山県	3	4	1	31	12.9%
31	鳥取県	0	1	1	20	5.0%
32	島根県	1	1	0	20	5.0%
33	岡山県	0	0	0	28	0.0%
34	広島県	9	9	0	24	37.5%
35	山口県	10	10	0	20	50.0%
36	徳島県	3	4	1	25	16.0%
37	香川県	4	4	0	18	22.2%
38	愛媛県	6	7	1	21	33.3%
39	高知県	2	2	0	35	5.7%
40	福岡県	23	30	7	61	49.2%
41	佐賀県	1	2	1	21	9.5%

番号	都道府県	2022年 10月1日	2023年 10月1日	増加数	自治体数 （都道府県含む）	2023年 普及率
42	長崎県	4	6	2	22	27.3%
43	熊本県	12	14	2	46	30.4%
44	大分県	6	6	0	19	31.6%
45	宮崎県	1	1	0	27	3.7%
46	鹿児島県	3	4	1	44	9.1%
47	沖縄県	13	24	11	42	57.1%
		433	520	87	1,788	29.1%

4．電子書籍サービス導入・終了状況（都道府県・自治体別）

　図表A-4は，電流協電子図書館・コンテンツ教育利用部会が調査した2023年10月1日現在全国の520自治体で導入している電子サービスの全リスト（都道府県，自治体番号順）である。

　リストをみると，人口の多い自治体の普及がみられる他，まだ県内の自治体で導入がないところもあり，地域によって導入の差がみられる。

図表A-4　公共図書館　電子図書館サービス（電子書籍サービス）都道府県・自治体別一覧

	都道府県	自治体	電子図書館名	電子図書館サービス	開始年月	備考
1	北海道	北海道	北海道立図書館電子図書館	KinoDen	2022年4月	実施中
2	北海道	札幌市	札幌市電子図書館	TRC-DL	2014年10月	実施中
3	北海道	旭川市	旭川市電子図書館	LibrariE&TRC-DL	2023年2月	実施中
4	北海道	帯広市	帯広市電子図書館	OverDrive	2021年4月	実施中
5	北海道	北見市	北見市立図書館電子分室	TRC-DL	2015年12月	実施中
6	北海道	網走市	網走市電子図書館	OverDrive	2020年12月	実施中
7	北海道	苫小牧市	苫小牧市電子図書館	TRC-DL	2014年10月	実施中
8	北海道	紋別市	もんべつ電子図書館	LibrariE&TRC-DL	2021年10月	実施中
9	北海道	登別市	登別市立図書館デジタル分館	LibrariE&TRC-DL	2021年3月	実施中
10	北海道	恵庭市	えにわ電子図書館	LibrariE&TRC-DL	2021年4月	実施中
11	北海道	倶知安町	くっちゃん電子図書館	LibrariE&TRC-DL	2022年10月	実施中
12	北海道	余市町	余市町電子図書館	OverDrive	2021年2月	実施中
13	北海道	栗山町	栗山町電子図書館	OverDrive	2021年8月	実施中
14	北海道	天塩町	天塩町電子図書館	OverDrive	2017年4月	実施中
15	北海道	芽室町	芽室町電子図書館	OverDrive	2023年10月	実施中
16	北海道	厚岸町	本の森厚岸町電子図書館	OverDrive	2022年11月	実施中
17	青森県	青森県	青森県立図書館電子書籍閲覧 サービス	KinoDen	2022年2月	実施中
18	青森県	三沢市	三沢市電子図書館	LibrariE&TRC-DL	2021年5月	実施中

	都道府県	自治体	電子図書館名	電子図書館サービス	開始年月	備考
19	青森県	おいらせ町	おいらせ町電子図書館	LibEiE&TRC-DL	2020 年 7 月	実施中
20	岩手県	宮古市	宮古市立図書館	LibrariE&TRC-DL	2022 年 10 月	実施中
21	岩手県	久慈市	久慈市電子図書館	LibrariE&TRC-DL	2020 年 9 月	実施中
22	岩手県	一関市	いちのせき電子図書館	LibrariE&TRC-DL	2020 年 12 月	実施中
23	岩手県	矢巾町	やはぱーく電子図書センター	OverDrive	2017 年 8 月	実施中
24	岩手県	平泉町	平泉町立電子図書館	OverDrive	2023 年 6 月	実施中
25	宮城県	仙台市	せんだい電子図書館	LibrariE&TRC-DL	2021 年 11 月	実施中
26	宮城県	白石市	白石市電子図書館	LibrariE&TRC-DL	2021 年 10 月	実施中
27	秋田県	秋田県	秋田県立図書館（中止中）		2012 年 10 月	中止中
28	山形県	東根市	東根市電子図書館	LibrariE&TRC-DL	2016 年 11 月	実施中
29	福島県	福島市	福島市電子図書館	LibrariE&TRC-DL	2023 年 2 月	実施中
30	福島県	郡山市	郡山市電子図書館	LibrariE&TRC-DL	2019 年 10 月	実施中
31	福島県	いわき市	いわき市電子図書館	LibrariE&TRC-DL KinoDen	2021 年 12 月	実施中
32	福島県	須賀川市	須賀川市電子図書館	LibrariE&TRC-DL	2022 年 10 月	実施中
33	福島県	伊達市	伊達市電子図書館	LibrariE&TRC-DL	2021 年 3 月	実施中
34	福島県	昭和村	昭和村電子図書館	OverDrive	2023 年 10 月	実施中
35	茨城県	水戸市	水戸市電子図書館	TRC-DL	2016 年 6 月	実施中
36	茨城県	日立市	日立市電子書籍貸出サービス	LibrariE&TRC-DL	2021 年 7 月	実施中
37	茨城県	土浦市	土浦市電子図書館	LibrariE&TRC-DL	2017 年 11 月	実施中
38	茨城県	龍ケ崎市	龍ケ崎市立電子図書館	OverDrive	2015 年 7 月	実施中
39	茨城県	常陸太田市	常陸太田市電子図書館	LibrariE&TRC-DL	2022 年 7 月	実施中
40	茨城県	高萩市	高萩市電子図書館	LibrariE&TRC-DL	2021 年 10 月	実施中
41	茨城県	笠間市	笠間市電子図書館	LibrariE&TRC-DL	2021 年 1 月	実施中
42	茨城県	取手市	取手市電子図書館	LibrariE&TRC-DL	2020 年 10 月	実施中
43	茨城県	つくば市	つくば市電子図書館	LibrariE&TRC-DL	2022 年 10 月	実施中
44	茨城県	鹿嶋市	鹿嶋市電子図書館	LibrariE&TRC-DL	2018 年 1 月	実施中
45	茨城県	潮来市	潮来市立電子図書館	OverDrive	2015 年 9 月	実施中
46	茨城県	守谷市	守谷市電子図書館	TRC-DL	2016 年 6 月	実施中
47	茨城県	筑西市	筑西市電子図書館	TRC-DL	2014 年 10 月	実施中
48	茨城県	稲敷市	稲敷市電子図書館	LibrariE&TRC-DL	2021 年 11 月	実施中
49	茨城県	かすみがうら市	かすみがうら市電子図書館	LibrariE&TRC-DL	2023 年 1 月	実施中
50	茨城県	桜川市	さくらがわ電子図書館〜SaGaCitE〜	LibrariE&TRC-DL	2021 年 2 月	実施中
51	茨城県	つくばみらい市	つくばみらい市電子図書館	LibrariE&TRC-DL	2023 年 7 月	実施中
52	茨城県	東海村	東海村電子図書館	LibrariE&TRC-DL	2023 年 10 月	実施中
53	栃木県	宇都宮市	宇都宮市電子図書館	LibrariE	2023 年 4 月	実施中
54	栃木県	日光市	日光市立電子図書館	LibrariE&TRC-DL	2017 年 4 月	実施中
55	栃木県	小山市	小山市立中央図書館オーディオブック	エルシエロ・オーディオブック	2022 年 11 月	実施中
56	栃木県	真岡市	真岡市電子図書館	LibrariE&TRC-DL	2021 年 1 月	実施中

	都道府県	自治体	電子図書館名	電子図書館サービス	開始年月	備考
57	栃木県	大田原市	大田原市電子図書館	TRC-DL	2013 年 12 月	実施中
58	栃木県	矢板市	矢板市電子図書館	LibrariE&TRC-DL	2021 年 8 月	実施中
59	栃木県	那須塩原市	那須塩原市電子図書館	LibrariE&TRC-DL	2020 年 7 月	実施中
60	栃木県	さくら市	さくら市電子図書館	TRC-DL	2016 年 1 月	実施中
61	栃木県	那須烏山市	那須烏山市電子図書館	LibrariE&TRC-DL	2022 年 9 月	実施中
62	栃木県	塩谷町	塩谷町電子図書館	OverDrive	2022 年 4 月	実施中
63	栃木県	高根沢町	高根沢町電子図書館	TRC-DL	2013 年 5 月	実施中
64	栃木県	那珂川町	那珂川町電子図書館	LibrariE&TRC-DL	2020 年 10 月	実施中
65	群馬県	群馬県	群馬県立図書館　電子書籍サービス	KinoDen	2023 年 1 月	実施中
66	群馬県	前橋市	前橋市電子図書館	OverDrive	2023 年 3 月	実施中
67	群馬県	藤岡市	藤岡市電子図書館	LibrariE&TRC-DL	2020 年 12 月	実施中
68	群馬県	富岡市	富岡市電子図書館	LibrariE&TRC-DL	2021 年 8 月	実施中
69	群馬県	みどり市	みどり市立電子図書館	LibrariE&TRC-DL	2021 年 2 月	実施中
70	群馬県	甘楽町	かんらまち電子図書館	OverDrive	2022 年 8 月	実施中
71	群馬県	明和町	明和町立図書館（中止中）		2013 年 6 月	中止中
72	埼玉県	さいたま市	さいたま市電子書籍サービス	TRC-DL	2016 年 3 月	実施中
73	埼玉県	川越市	川越市立図書館電子書籍サービス	LibrariE&TRC-DL	2021 年 2 月	実施中
74	埼玉県	熊谷市	熊谷市立図書館電子書籍	OverDrive	2017 年 4 月	実施中
75	埼玉県	川口市	かわぐち電子図書サービス	LibrariE&TRC-DL	2022 年 10 月	実施中
76	埼玉県	行田市	ぎょうだ電子図書館	LibrariE&TRC-DL	2022 年 1 月	実施中
77	埼玉県	東松山市	比企広域電子図書館　比企 e ライブラリー　東松山市	LibrariE&TRC-DL	2022 年 9 月	実施中
78	埼玉県	春日部市	かすかべ電子図書館	LibrariE&TRC-DL	2017 年 12 月	実施中
79	埼玉県	鴻巣市	鴻巣市電子図書館	LibrariE&TRC-DL	2022 年 1 月	実施中
80	埼玉県	上尾市	上尾市電子図書館	OverDrive	2021 年 9 月	実施中
81	埼玉県	草加市	草加市電子図書館	LibrariE&TRC-DL	2020 年 3 月	実施中
82	埼玉県	越谷市	越谷市電子図書館	LibrariE&TRC-DL エルシエロ・オーディオブック	2022 年 2 月	実施中
83	埼玉県	蕨市	わらび電子図書館	LibrariE&TRC-DL	2022 年 8 月	実施中
84	埼玉県	戸田市	戸田市電子図書館	LibrariE&TRC-DL	2021 年 1 月	実施中
85	埼玉県	入間市	いるまし電子図書館	LibrariE&TRC-DL	2021 年 6 月	実施中
86	埼玉県	朝霞市	あさか電子図書館	LibrariE&TRC-DL	2022 年 3 月	実施中
87	埼玉県	新座市	にいざ電子図書館	LibrariE&TRC-DL	2021 年 7 月	実施中
88	埼玉県	桶川市	桶川市電子図書館	TRC-DL	2015 年 10 月	実施中
89	埼玉県	久喜市	久喜市電子図書館	LibrariE&TRC-DL	2020 年 2 月	実施中
90	埼玉県	北本市	北本市電子図書館	LibrariE&TRC-DL	2021 年 11 月	実施中
91	埼玉県	富士見市	富士見市電子図書館	LibrariE&TRC-DL	2021 年 7 月	実施中
92	埼玉県	三郷市	三郷市電子図書館	LibrariE&TRC-DL	2018 年 3 月	実施中
93	埼玉県	坂戸市	坂戸市電子図書館	LibrariE&TRC-DL	2021 年 1 月	実施中

	都道府県	自治体	電子図書館名	電子図書館サービス	開始年月	備考
94	埼玉県	鶴ヶ島市	鶴ヶ島市電子図書館	LibrariE&TRC-DL	2020 年 10 月	実施中
95	埼玉県	伊奈町	伊奈町電子図書館	LibrariE&TRC-DL	2022 年 2 月	実施中
96	埼玉県	毛呂山町	もろやま電子図書館	LibrariE&TRC-DL	2022 年 10 月	実施中
97	埼玉県	滑川町	比企広域電子図書館　比企 e ライブラリー　滑川町	LibrariE&TRC-DL	2022 年 9 月	実施中
98	埼玉県	嵐山町	比企広域電子図書館　比企 e ライブラリー　嵐山町	LibrariE&TRC-DL	2022 年 9 月	実施中
99	埼玉県	小川町	比企広域電子図書館　比企 e ライブラリー　小川町	LibrariE&TRC-DL	2022 年 9 月	実施中
100	埼玉県	川島町	比企広域電子図書館　比企 e ライブラリー　川島町	LibrariE&TRC-DL	2022 年 9 月	実施中
101	埼玉県	吉見町	比企広域電子図書館　比企 e ライブラリー　吉見町	LibrariE&TRC-DL	2022 年 9 月	実施中
102	埼玉県	ときがわ町	比企広域電子図書館　比企 e ライブラリー　ときがわ町	LibrariE&TRC-DL	2022 年 9 月	実施中
103	埼玉県	小鹿野町	小鹿野町電子図書館	LibrariE&TRC-DL	2023 年 3 月	実施中
104	埼玉県	神川町	神川町電子図書館	OverDrive	2020 年 8 月	実施中
105	埼玉県	寄居町	寄居町電子図書館	LibrariE&TRC-DL	2021 年 1 月	実施中
106	埼玉県	宮代町	みやしろ電子図書館	TRC-DL	2016 年 4 月	実施中
107	埼玉県	鳩山町	鳩山町デジタル図書館	LibrariE&TRC-DL	2021 年 12 月	実施中
108	埼玉県	杉戸町	杉戸町電子図書館	LibrariE&TRC-DL	2022 年 7 月	実施中
109	千葉県	千葉市	千葉市電子書籍サービス	LibrariE&TRC-DL	2021 年 7 月	実施中
110	千葉県	銚子市	銚子市電子図書館	LibrariE&TRC-DL	2022 年 1 月	実施中
111	千葉県	市川市	市川駅南口電子図書館	OverDrive	2023 年 3 月	実施中
112	千葉県	船橋市	船橋市図書館電子書籍サービス	LibrariE&TRC-DL	2021 年 1 月	実施中
113	千葉県	館山市	館山市電子図書館	OverDrive	2021 年 2 月	実施中
114	千葉県	木更津市	木更津市立図書館　電子図書	LibrariE&TRC-DL	2021 年 1 月	実施中
115	千葉県	茂原市	茂原市電子図書館	LibrariE&TRC-DL	2021 年 3 月	実施中
116	千葉県	成田市	成田市立図書館電子書籍サービス	OverDrive	2021 年 8 月	実施中
117	千葉県	佐倉市	佐倉市立図書館　電子書籍サービス・オーディオブックサービス	OverDrive エルシエロ・オーディオブック	2023 年 3 月	実施中
118	千葉県	習志野市	習志野市電子図書館	LibrariE&TRC-DL	2022 年 5 月	実施中
119	千葉県	柏市	柏市電子図書館サービス	LibrariE&TRC-DL	2023 年 1 月	実施中
120	千葉県	市原市	市原市立図書館電子書籍サービス	LibrariE&TRC-DL	2022 年 10 月	実施中
121	千葉県	流山市	流山市立図書館　電子図書	TRC-DL	2013 年 10 月	実施中
122	千葉県	八千代市	八千代市電子図書館	TRC-DL	2015 年 7 月	実施中
123	千葉県	君津市	君津市電子書籍サービス	LibrariE&TRC-DL	2021 年 6 月	実施中
124	千葉県	富津市	富津市電子図書館	LibrariE&TRC-DL	2023 年 1 月	実施中
125	千葉県	四街道市	四街道市電子図書館	LibrariE&TRC-DL	2021 年 2 月	実施中
126	千葉県	袖ケ浦市	袖ケ浦市電子図書館	LibrariE&TRC-DL	2022 年 8 月	実施中
127	千葉県	八街市	八街市電子図書館	LibrariE&TRC-DL	2021 年 7 月	実施中
128	千葉県	印西市	印西市電子図書館	LibrariE&TRC-DL	2021 年 7 月	実施中

	都道府県	自治体	電子図書館名	電子図書館サービス	開始年月	備考
129	千葉県	酒々井町	酒々井町立図書館電子書籍サービス	LibrariE&TRC-DL	2021 年 9 月	実施中
130	千葉県	長柄町	長柄町電子図書館	LibrariE&TRC-DL	2021 年 1 月	実施中
131	東京都	東京都	東京都立図書館　電子書籍サービス，中央図書館・多摩図書館	TRC-DL EBSCO eBooks	2013 年 12 月	実施中
132	東京都	千代田区	千代田 Web 図書館	LibrariE&TRC-DL	2007 年 11 月	実施中
133	東京都	中央区	中央区電子書籍貸出サービス	LibrariE&TRC-DL	2022 年 9 月	実施中
134	東京都	港区	港区電子図書館	LibrariE&TRC-DL	2021 年 11 月	実施中
135	東京都	文京区	文京区立図書館　電子図書館	LibrariE&TRC-DL エルシエロ・オーディオブック	2021 年 1 月	実施中
136	東京都	台東区	台東区立図書館オーディオブック	エルシエロ・オーディオブック	2022 年 1 月	実施中
137	東京都	墨田区	墨田区電子書籍サービス	LibrariE&TRC-DL	2023 年 6 月	実施中
138	東京都	江東区	こうとう電子図書館	LibrariE&TRC-DL	2023 年 7 月	実施中
139	東京都	品川区	しながわ電子図書館	LibrariE&TRC-DL	2021 年 7 月	実施中
140	東京都	目黒区	めぐろ電子図書館	LibrariE&TRC-DL	2021 年 7 月	実施中
141	東京都	大田区	大田区電子書籍貸出サービス	LibrariE&TRC-DL	2021 年 10 月	実施中
142	東京都	世田谷区	世田谷区電子書籍サービス	LibrariE&TRC-DL	2020 年 11 月	実施中
143	東京都	渋谷区	渋谷区電子図書館	LibrariE&TRC-DL	2018 年 2 月	実施中
144	東京都	中野区	なかのいーぶっくすぽっと	ヴィアックス電子図書館サービス	2015 年 2 月	実施中
145	東京都	豊島区	TRC 豊島電子図書館	TRC-DL	2016 年 4 月	実施中
146	東京都	板橋区	板橋区電子図書館	LibrariE&TRC-DL	2022 年 11 月	実施中
147	東京都	足立区	あだち電子図書館	LibrariE&TRC-DL	2021 年 7 月	実施中
148	東京都	葛飾区	葛飾区立図書館電子書籍サービス	LibrariE&TRC-DL	2021 年 9 月	実施中
149	東京都	江戸川区	江戸川区立図書館	OverDrive	2022 年 10 月	実施中
150	東京都	八王子市	八王子市電子書籍サービス，八王子市図書館オーディオブックサービス	LibrariE&TRC-DL エルシエロ・オーディオブック	2018 年 04 月	実施中
151	東京都	立川市	たちかわ電子図書館	LibrariE&TRC-DL	2021 年 1 月	実施中
152	東京都	武蔵野市	武蔵野市電子書籍サービス	LibrariE&TRC-DL	2021 年 1 月	実施中
153	東京都	三鷹市	みたか電子書籍サービス	LibrariE&TRC-DL KinoDen	2021 年 3 月	実施中
154	東京都	府中市	ふちゅう電子図書館	LibrariE&TRC-DL	2023 年 3 月	実施中
155	東京都	昭島市	昭島市民図書館電子書籍サービス	LibrariE&TRC-DL	2020 年 6 月	実施中
156	東京都	町田市	町田市立図書館電子書籍サービス	OverDrive	2022 年 10 月	実施中
157	東京都	小金井市	こがねい電子図書館	LibrariE&TRC-DL	2020 年 12 月	実施中
158	東京都	東村山市	東村山市立図書館	LibrariE&TRC-DL	2022 年 9 月	実施中
159	東京都	国分寺市	国分寺市電子図書館	OverDrive	2022 年 8 月	実施中
160	東京都	国立市	くにたち電子図書館	LibrariE&TRC-DL	2021 年 2 月	実施中
161	東京都	狛江市	こまえ電子図書館	LibrariE&TRC-DL	2020 年 6 月	実施中

	都道府県	自治体	電子図書館名	電子図書館サービス	開始年月	備考
162	東京都	清瀬市	清瀬市電子図書館	OverDrive	2022 年 4 月	実施中
163	東京都	武蔵村山市	むさしむらやま電子図書館	LibrariE&TRC-DL	2022 年 10 月	実施中
164	東京都	多摩市	多摩市電子図書館	LibrariE&TRC-DL	2021 年 1 月	実施中
165	東京都	西東京市	西東京市子ども電子図書館	LibrariE&TRC-DL	2023 年 7 月	実施中
166	神奈川県	神奈川県	神奈川県立図書館　電子書籍サービス	KinoDen	2022 年 6 月	実施中
167	神奈川県	横浜市	横浜市立図書館電子書籍サービス	LibrariE&TRC-DL	2021 年 3 月	実施中
168	神奈川県	川崎市	かわさき電子図書館サービス	LibrariE&TRC-DL	2023 年 3 月	実施中
169	神奈川県	相模原市	相模原市立図書館電子書籍サービス	LibrariE&TRC-DL	2022 年 9 月	実施中
170	神奈川県	平塚市	平塚市電子図書館	LibrariE&TRC-DL	2021 年 7 月	実施中
171	神奈川県	藤沢市	藤沢市図書館	LibrariE&TRC-DL	2022 年 10 月	実施中
172	神奈川県	秦野市	秦野市立図書館	LibrariE&TRC-DL	2022 年 10 月	実施中
173	神奈川県	厚木市	厚木市電子図書館	LibrariE&TRC-DL	2021 年 10 月	実施中
174	神奈川県	大和市	大和市文化創造拠点電子図書館	LibrariE&TRC-DL	2016 年 11 月	実施中
175	神奈川県	伊勢原市	いせはら電子図書館	LibrariE&TRC-DL	2021 年 10 月	実施中
176	神奈川県	海老名市	海老名市電子図書館	LibrariE&TRC-DL	2022 年 8 月	実施中
177	神奈川県	座間市	座間市立図書館　電子図書館サービス	LibrariE&TRC-DL	2020 年 9 月	実施中
178	神奈川県	綾瀬市	綾瀬市立電子図書館	OverDrive	2018 年 4 月	実施中
179	神奈川県	小田原市	小田原市電子図書館	LibrariE&TRC-DL	2022 年 10 月	実施中
180	神奈川県	大磯町	大磯町電子図書館	LibrariE&TRC-DL	2022 年 1 月	実施中
181	神奈川県	松田町	松田町電子図書館（中止中）		2020 年 11 月	中止中
182	神奈川県	山北町	山北町電子図書館	LibrariE&TRC-DL	2020 年 11 月	実施中
183	神奈川県	愛川町	愛川町電子図書館	LibrariE&TRC-DL	2023 年 3 月	実施中
184	新潟県	新潟県	新潟県立図書館　電子書籍サービス	KinoDen	2023 年 7 月	実施中
185	新潟県	新潟市	にいがた市電子図書館	LibrariE&TRC-DL	2022 年 3 月	実施中
186	新潟県	三条市	三条市電子図書館	OverDrive	2022 年 7 月	実施中
187	新潟県	燕市	つばめ電子図書館	LibrariE&TRC-DL	2021 年 2 月	実施中
188	富山県	富山県	富山県立図書館　電子書籍システム	KinoDen	2023 年 3 月	実施中
189	富山県	魚津市	うおづ電子図書館	LibrariE&TRC-DL	2021 年 3 月	実施中
190	富山県	氷見市	氷見市立図書館電子図書館	LibrariE&TRC-DL	2018 年 11 月	実施中
191	富山県	入善町	にゅうぜん電子図書館	LibrariE&TRC-DL	2021 年 3 月	実施中
192	石川県	金沢市	金沢市電子図書館	LibrariE&TRC-DL	2021 年 10 月	実施中
193	石川県	輪島市	わじま電子図書館	LibrariE&TRC-DL	2021 年 8 月	実施中
194	石川県	加賀市	加賀市デジタル図書館	OverDrive	2022 年 7 月	実施中
195	石川県	かほく市	かほく電子図書館	LibrariE&TRC-DL	2022 年 9 月	実施中
196	石川県	白山市	はくさん電子図書館	LibrariE&TRC-DL	2021 年 10 月	実施中
197	石川県	能美市	のみ電子図書館	LibrariE&TRC-DL	2022 年 10 月	実施中
198	石川県	野々市市	ののいち電子図書館	LibrariE&TRC-DL	2017 年 11 月	実施中

	都道府県	自治体	電子図書館名	電子図書館サービス	開始年月	備考
199	石川県	津幡町	津幡デジタルライブラリー	LibrariE&TRC-DL	2022 年 9 月	実施中
200	山梨県	山梨県	山梨県立図書館　電子書籍	TRC-DL	2012 年 11 月	実施中
201	山梨県	甲府市	甲府市立図書館電子書籍サービス	LibrariE&TRC-DL	2022 年 11 月	実施中
202	山梨県	韮崎市	韮崎市電子図書館	LibrariE&TRC-DL	2020 年 12 月	実施中
203	山梨県	山中湖村	山中湖情報創造館（中止中）		2015 年 10 月	中止中
204	長野県	長野県	デジとしょ信州　長野県	OverDrive KinoDen	2022 年 8 月	実施中
205	長野県	長野市	デジとしょ信州　長野市	OverDrive	2022 年 8 月	実施中
206	長野県	松本市	デジとしょ信州　松本市	OverDrive	2022 年 8 月	実施中
207	長野県	上田市	デジとしょ信州　上田市	OverDrive	2022 年 8 月	実施中
208	長野県	岡谷市	デジとしょ信州　岡谷市	OverDrive	2022 年 8 月	実施中
209	長野県	飯田市	デジとしょ信州　飯田市	OverDrive	2022 年 8 月	実施中
210	長野県	諏訪市	デジとしょ信州　諏訪市	OverDrive	2022 年 8 月	実施中
211	長野県	須坂市	デジとしょ信州　須坂市	OverDrive	2022 年 8 月	実施中
212	長野県	小諸市	デジとしょ信州　小諸市	OverDrive	2022 年 8 月	実施中
213	長野県	伊那市	デジとしょ信州　伊那市	OverDrive	2022 年 8 月	実施中
214	長野県	駒ヶ根市	デジとしょ信州　駒ケ根市	OverDrive	2022 年 8 月	実施中
215	長野県	中野市	デジとしょ信州　中野市	OverDrive	2022 年 8 月	実施中
216	長野県	大町市	デジとしょ信州　大町市	OverDrive	2022 年 8 月	実施中
217	長野県	飯山市	デジとしょ信州　飯山市	OverDrive	2022 年 8 月	実施中
218	長野県	茅野市	デジとしょ信州　茅野市	OverDrive	2022 年 8 月	実施中
219	長野県	塩尻市	デジとしょ信州　塩尻市	OverDrive	2022 年 8 月	実施中
220	長野県	佐久市	デジとしょ信州　佐久市	OverDrive	2022 年 8 月	実施中
221	長野県	千曲市	デジとしょ信州　千曲市	OverDrive	2022 年 8 月	実施中
222	長野県	東御市	デジとしょ信州　東御市	OverDrive	2022 年 8 月	実施中
223	長野県	安曇野市	デジとしょ信州　安曇野市	OverDrive	2022 年 8 月	実施中
224	長野県	小海町	デジとしょ信州　小海町	OverDrive	2022 年 8 月	実施中
225	長野県	川上村	デジとしょ信州　川上村	OverDrive	2022 年 8 月	実施中
226	長野県	南牧村	デジとしょ信州　南牧村	OverDrive	2022 年 8 月	実施中
227	長野県	南相木村	デジとしょ信州　南相木村	OverDrive	2022 年 8 月	実施中
228	長野県	北相木村	デジとしょ信州　北相木村	OverDrive	2022 年 8 月	実施中
229	長野県	佐久穂町	デジとしょ信州　佐久穂町	OverDrive	2022 年 8 月	実施中
230	長野県	軽井沢町	デジとしょ信州　軽井沢町	OverDrive	2022 年 8 月	実施中
231	長野県	御代田町	デジとしょ信州　御代田町	OverDrive	2022 年 8 月	実施中
232	長野県	立科町	デジとしょ信州　立科町	OverDrive	2022 年 8 月	実施中
233	長野県	青木村	デジとしょ信州　青木村	OverDrive	2022 年 8 月	実施中
234	長野県	長和町	デジとしょ信州　長和町	OverDrive	2022 年 8 月	実施中
235	長野県	下諏訪町	デジとしょ信州　下諏訪町	OverDrive	2022 年 8 月	実施中
236	長野県	富士見町	デジとしょ信州　富士見町	OverDrive	2022 年 8 月	実施中
237	長野県	辰野町	デジとしょ信州　辰野町	OverDrive	2022 年 8 月	実施中
238	長野県	原村	デジとしょ信州　原村	OverDrive	2022 年 8 月	実施中
239	長野県	箕輪町	デジとしょ信州　箕輪町	OverDrive	2022 年 8 月	実施中
240	長野県	飯島町	デジとしょ信州　飯島町	OverDrive	2022 年 8 月	実施中

	都道府県	自治体	電子図書館名	電子図書館サービス	開始年月	備考
241	長野県	南箕輪村	デジとしょ信州　南箕輪村	OverDrive	2022 年 8 月	実施中
242	長野県	中川村	デジとしょ信州　中川村	OverDrive	2022 年 8 月	実施中
243	長野県	宮田村	デジとしょ信州　宮田村	OverDrive	2022 年 8 月	実施中
244	長野県	松川町	デジとしょ信州　松川町	OverDrive	2022 年 8 月	実施中
245	長野県	高森町	デジとしょ信州　高森町	OverDrive	2022 年 8 月	実施中
246	長野県	阿南町	デジとしょ信州　阿南町	OverDrive	2022 年 8 月	実施中
247	長野県	阿智村	デジとしょ信州　阿智村	OverDrive	2022 年 8 月	実施中
248	長野県	平谷村	デジとしょ信州　平谷村	OverDrive	2022 年 8 月	実施中
249	長野県	根羽村	デジとしょ信州　根羽村	OverDrive	2022 年 8 月	実施中
250	長野県	下條村	デジとしょ信州　下篠村	OverDrive	2022 年 8 月	実施中
251	長野県	売木村	デジとしょ信州　売木村	OverDrive	2022 年 8 月	実施中
252	長野県	天龍村	デジとしょ信州　天龍村	OverDrive	2022 年 8 月	実施中
253	長野県	泰阜村	デジとしょ信州　泰阜村	OverDrive	2022 年 8 月	実施中
254	長野県	喬木村	デジとしょ信州　喬木村	OverDrive	2022 年 8 月	実施中
255	長野県	豊丘村	デジとしょ信州　豊丘村	OverDrive	2022 年 8 月	実施中
256	長野県	大鹿村	デジとしょ信州　大鹿村	OverDrive	2022 年 8 月	実施中
257	長野県	上松町	デジとしょ信州　上松町	OverDrive	2022 年 8 月	実施中
258	長野県	南木曽町	デジとしょ信州　南木曽町	OverDrive	2022 年 8 月	実施中
259	長野県	木祖村	デジとしょ信州　木祖村	OverDrive	2022 年 8 月	実施中
260	長野県	王滝村	デジとしょ信州　王滝村	OverDrive	2022 年 8 月	実施中
261	長野県	大桑村	デジとしょ信州　大桑村	OverDrive	2022 年 8 月	実施中
262	長野県	木曽町	デジとしょ信州　木曽町	OverDrive	2022 年 8 月	実施中
263	長野県	麻績村	デジとしょ信州　麻績村	OverDrive	2022 年 8 月	実施中
264	長野県	生坂村	デジとしょ信州　生坂村	OverDrive	2022 年 8 月	実施中
265	長野県	山形村	デジとしょ信州　山形村	OverDrive	2022 年 8 月	実施中
266	長野県	朝日村	デジとしょ信州　朝日村	OverDrive	2022 年 8 月	実施中
267	長野県	筑北村	デジとしょ信州　筑北村	OverDrive	2022 年 8 月	実施中
268	長野県	池田町	デジとしょ信州　池田町	OverDrive	2022 年 8 月	実施中
269	長野県	松川村	デジとしょ信州　松川村	OverDrive	2022 年 8 月	実施中
270	長野県	白馬村	デジとしょ信州　白馬村	OverDrive	2022 年 8 月	実施中
271	長野県	小谷村	デジとしょ信州　小谷村	OverDrive	2022 年 8 月	実施中
272	長野県	坂城町	デジとしょ信州　坂城町	OverDrive	2022 年 8 月	実施中
273	長野県	小布施町	デジとしょ信州　小布施町	OverDrive	2022 年 8 月	実施中
274	長野県	高山村	デジとしょ信州　高山村	OverDrive	2022 年 8 月	実施中
275	長野県	山ノ内町	デジとしょ信州　山ノ内町	OverDrive	2022 年 8 月	実施中
276	長野県	木島平村	デジとしょ信州　木島平村	OverDrive	2022 年 8 月	実施中
277	長野県	野沢温泉村	デジとしょ信州　野沢温泉村	OverDrive	2022 年 8 月	実施中
278	長野県	信濃町	デジとしょ信州　信濃町	OverDrive	2022 年 8 月	実施中
279	長野県	小川村	デジとしょ信州　小川村	OverDrive	2022 年 8 月	実施中
280	長野県	飯綱町	デジとしょ信州　飯綱町	OverDrive	2022 年 8 月	実施中
281	長野県	栄村	デジとしょ信州　栄村	OverDrive	2022 年 8 月	実施中

	都道府県	自治体	電子図書館名	電子図書館サービス	開始年月	備考
282	岐阜県	岐阜県	岐阜県図書館　電子書籍サービス	KinoDen	2019 年 7 月	実施中
283	岐阜県	岐阜市	岐阜市電子図書館	OverDrive	2021 年 3 月	実施中
284	岐阜県	大垣市	大垣市電子図書館	TRC-DL	2012 年 7 月	実施中
285	岐阜県	関市	関市立電子図書館	OverDrive EBSCO eBooks	2011 年 11 月	実施中
286	岐阜県	羽島市	はしま電子図書館	LibrariE&TRC-DL	2022 年 3 月	実施中
287	岐阜県	土岐市	ときし電子図書館	LibrariE&TRC-DL	2021 年 7 月	実施中
288	岐阜県	各務原市	かかみがはら電子図書館	LibrariE&TRC-DL	2020 年 10 月	実施中
289	岐阜県	飛騨市	ひだ電子図書館	LibrariE&TRC-DL	2022 年 1 月	実施中
290	岐阜県	海津市	海津市デジタル図書館	LibrariE&TRC-DL	2022 年 1 月	実施中
291	静岡県	静岡県	静岡県立中央図書館電子図書館	KinoDen	2021 年 10 月	実施中
292	静岡県	浜松市	はままつ電子図書	LibrariE&TRC-DL	2018 年 2 月	実施中
293	静岡県	沼津市	ぬまづ電子図書館	LibrariE&TRC-DL	2021 年 1 月	実施中
294	静岡県	熱海市	熱海市立図書館電子図書館	LibrariE&TRC-DL	2018 年 11 月	実施中
295	静岡県	富士市	ふじ電子図書館	LibrariE&TRC-DL	2022 年 6 月	実施中
296	静岡県	磐田市	磐田市立図書館　電子書籍サービス	TRC-DL	2016 年 10 月	実施中
297	静岡県	掛川市	かけがわ電子図書館	LibrariE&TRC-DL	2021 年 10 月	実施中
298	静岡県	藤枝市	藤枝市立図書館	LibrariE&TRC-DL	2022 年 9 月	実施中
299	静岡県	湖西市	こさい電子図書館	LibrariE&TRC-DL	2022 年 10 月	実施中
300	静岡県	伊豆の国市	いずのくに電子図書館	LibrariE&TRC-DL	2023 年 4 月	実施中
301	愛知県	愛知県	愛知県図書館電子書籍サービス	KinoDen	2021 年 1 月	実施中
302	愛知県	名古屋市	名古屋市図書館電子書籍サービス	LibrariE&TRC-DL	2021 年 6 月	実施中
303	愛知県	一宮市立	一宮市電子図書館	LibrariE&TRC-DL	2017 年 1 月	実施中
304	愛知県	瀬戸市	瀬戸市電子図書館	LibrariE&TRC-DL	2021 年 2 月	実施中
305	愛知県	半田市	はんだ電子図書館	LibrariE&TRC-DL	2021 年 3 月	実施中
306	愛知県	豊川市	豊川市電子図書館	TRC-DL	2016 年 2 月	実施中
307	愛知県	津島市	つしま電子図書館	LibrariE&TRC-DL	2022 年 12 月	実施中
308	愛知県	碧南市	へきなん電子図書館	LibrariE&TRC-DL	2021 年 11 月	実施中
309	愛知県	豊田市	豊田市電子図書館	LibrariE&TRC-DL	2018 年 1 月	実施中
310	愛知県	安城市	安城市電子図書館	LibrariE&TRC-DL	2017 年 6 月	実施中
311	愛知県	西尾市	にしお電子図書館	LibrariE&TRC-DL	2021 年 1 月	実施中
312	愛知県	蒲郡市	がまごおり電子図書館	LibrariE&TRC-DL	2022 年 2 月	実施中
313	愛知県	江南市	江南市電子図書館	LibrariE&TRC-DL	2022 年 10 月	実施中
314	愛知県	小牧市	こまき電子図書館	LibrariE&TRC-DL	2021 年 3 月	実施中
315	愛知県	稲沢市	いなざわ電子図書館	LibrariE&TRC-DL	2022 年 7 月	実施中
316	愛知県	大府市	おおぶ文化交流の杜　電子図書館	TRC-DL	2014 年 7 月	実施中
317	愛知県	知立市	知立市電子図書館	OverDrive	2023 年 2 月	実施中

	都道府県	自治体	電子図書館名	電子図書館サービス	開始年月	備考
318	愛知県	日進市	日進市立図書館オーディオブックサービス	エルシエロ・オーディオブック	2020 年 12 月	実施中
319	愛知県	みよし市	みよし電子図書館	LibrariE&TRC-DL	2021 年 11 月	実施中
320	愛知県	東浦町	よむらび電子図書館	LibrariE&TRC-DL	2022 年 4 月	実施中
321	三重県	四日市市	よっかいち電子図書館	LibrariE&TRC-DL	2023 年 10 月	実施中
322	三重県	伊勢市	伊勢市電子図書館	LibrariE&TRC-DL	2023 年 5 月	実施中
323	三重県	松阪市	松阪市電子図書館	LibrariE&TRC-DL	2018 年 4 月	実施中
324	三重県	亀山市	かめやま電子図書館	LibrariE&TRC-DL	2023 年 1 月	実施中
325	三重県	いなべ市	いなべ市電子図書館	LibrariE&TRC-DL	2022 年 9 月	実施中
326	三重県	志摩市	志摩市立図書館　電子書籍	TRC-DL	2013 年 9 月	実施中
327	滋賀県	大津市	大津市立図書館電子図書館・オーディオブック	LibrariE&TRC-DL エルシエロ・オーディオブック	2021 年 2 月	実施中
328	滋賀県	湖南市	湖南市電子図書館	LibrariE&TRC-DL		実施中
329	京都府	京都府	京都府立図書館電子書籍・オーディオブックサービス	KinoDen エルシエロ・オーディオブック	2022 年 4 月	実施中
330	京都府	京都市	京都市図書館　電子書籍サービス	LibrariE&TRC-DL	2023 年 2 月	実施中
331	京都府	福知山市	ふくちやま電子図書館	LibrariE&TRC-DL	2022 年 1 月	実施中
332	京都府	舞鶴市	舞鶴市電子図書館	LibrariE&TRC-DL	2023 年 3 月	実施中
333	京都府	綾部市	綾部市電子図書館　ほんでほんで	OverDrive	2022 年 3 月	実施中
334	京都府	宇治市	宇治市電子図書館	OverDrive	2021 年 3 月	実施中
335	大阪府	大阪市	大阪市立図書館 - 電子図書館	EBSCO eBooks	2012 年 1 月	実施中
336	大阪府	堺市	堺市立図書館　電子図書館	TRC-DL	2011 年 1 月	実施中
337	大阪府	岸和田市	岸和田市電子図書館	OverDrive	2022 年 11 月	実施中
338	大阪府	豊中市	豊中市デジタル図書館	LibrariE&TRC-DL	2022 年 7 月	実施中
339	大阪府	吹田市	すいた電子図書館	LibrariE&TRC-DL	2021 年 7 月	実施中
340	大阪府	高槻市	たかつき電子図書館	LibrariE&TRC-DL	2022 年 11 月	実施中
341	大阪府	守口市	もりぐち電子図書館	LibrariE&TRC-DL	2022 年 7 月	実施中
342	大阪府	枚方市	ひらかた電子図書館	LibrariE&TRC-DL	2021 年 7 月	実施中
343	大阪府	茨木市	いばらき市電子図書館	LibrariE&TRC-DL	2020 年 7 月	実施中
344	大阪府	八尾市	八尾市電子図書館	LibrariE&TRC-DL	2019 年 11 月	実施中
345	大阪府	泉佐野市	いずみさの電子図書館	LibrariE&TRC-DL	2021 年 4 月	実施中
346	大阪府	寝屋川市	ねやがわ電子図書館	LibrariE&TRC-DL	2021 年 3 月	実施中
347	大阪府	河内長野市	河内長野市立電子図書館	LibrariE&TRC-DL	2020 年 9 月	実施中
348	大阪府	松原市	まつばら電子図書館	TRC-DL	2014 年 7 月	実施中
349	大阪府	大東市	だいとう電子図書館	LibrariE&TRC-DL	2020 年 11 月	実施中
350	大阪府	和泉市	和泉市の電子図書館	LibrariE&TRC-DL	2021 年 4 月	実施中
351	大阪府	箕面市	箕面市立図書館　電子図書館・オーディオブック	LibrariE&TRC-DL エルシエロ・オーディオブック	2021 年 3 月	実施中
352	大阪府	柏原市	柏原市立柏原図書館	OverDrive	2022 年 10 月	実施中

	都道府県	自治体	電子図書館名	電子図書館サービス	開始年月	備考
353	大阪府	羽曳野市	羽曳野市立中央図書館	LibrariE&TRC-DL	2022 年 10 月	実施中
354	大阪府	門真市	かどま電子図書館	LibrariE&TRC-DL	2020 年 12 月	実施中
355	大阪府	摂津市	せっつ電子図書館	LibrariE&TRC-DL	2022 年 7 月	実施中
356	大阪府	高石市	高石市立図書館電子書籍貸出サービス	TRC-DL	2016 年 10 月	実施中
357	大阪府	東大阪市	ひがしおおさか電子図書館	LibrariE&TRC-DL	2021 年 4 月	実施中
358	大阪府	大阪狭山市	おおさかさやま電子図書館	LibrariE&TRC-DL	2020 年 10 月	実施中
359	大阪府	阪南市	阪南市電子図書館	OverDrive	2022 年 2 月	実施中
360	大阪府	熊取町	熊取町立熊取図書館	OverDrive	2022 年 10 月	実施中
361	兵庫県	兵庫県	兵庫県立図書館	Maruzen e-Book library	2023 年 4 月	実施中
362	兵庫県	神戸市	神戸市電子図書館	LibrariE&TRC-DL	2018 年 6 月	実施中
363	兵庫県	姫路市	姫路市電子図書館	LibrariE&TRC-DL	2023 年 3 月	実施中
364	兵庫県	尼崎市	あまがさき電子図書館	LibrariE&TRC-DL	2021 年 7 月	実施中
365	兵庫県	明石市	明石市電子図書館	TRC-DL	2015 年 10 月	実施中
366	兵庫県	芦屋市	芦屋市電子図書館	LibrariE&TRC-DL	2021 年 8 月	実施中
367	兵庫県	豊岡市	とよおか電子図書館	LibrariE&TRC-DL	2023 年 7 月	実施中
368	兵庫県	加古川市	加古川市電子図書館	TRC-DL	2016 年 7 月	実施中
369	兵庫県	赤穂市	赤穂市電子図書館	TRC-DL	2013 年 10 月	実施中
370	兵庫県	高砂市	高砂市立図書館～電子書籍サービス～	TRC-DL	2016 年 2 月	実施中
371	兵庫県	川西市	川西市電子図書館	LibrariE&TRC-DL	2020 年 8 月	実施中
372	兵庫県	小野市	小野市電子図書館	TRC-DL	2014 年 10 月	実施中
373	兵庫県	三田市	三田市電子図書館	TRC-DL	2014 年 8 月	実施中
374	兵庫県	加西市	加西市電子図書館	LibrariE&TRC-DL	2023 年 3 月	実施中
375	兵庫県	丹波市	たんばし電子図書館	LibrariE&TRC-DL	2022 年 10 月	実施中
376	兵庫県	宍粟市	播磨科学公園都市圏域定住自立圏電子図書館　穴栗町	LibrariE&TRC-DL	2018 年 1 月	実施中
377	兵庫県	たつの市	播磨科学公園都市圏域定住自立圏電子図書館　たつの市	LibrariE&TRC-DL	2018 年 1 月	実施中
378	兵庫県	稲美町	稲美町立電子図書館	LibrariE&TRC-DL	2022 年 7 月	実施中
379	兵庫県	播磨町	播磨町電子図書館	TRC-DL	2016 年 4 月	実施中
380	兵庫県	上郡町	播磨科学公園都市圏域定住自立圏電子図書館　上郡町	LibrariE&TRC-DL	2018 年 1 月	実施中
381	兵庫県	佐用町	播磨科学公園都市圏域定住自立圏電子図書館　佐用町	LibrariE&TRC-DL	2018 年 1 月	実施中
382	奈良県	奈良市	奈良市電子図書館・オーディオブックサービス	エルシエロ・オーディオブック LibrariE&TRC-DL	2020 年 7 月	実施中
383	奈良県	大和高田市	大和高田市立電子図書館	LibrariE&TRC-DL	2018 年 7 月	実施中
384	奈良県	大和郡山市	大和郡山市電子図書館	LibrariE&TRC-DL	2020 年 10 月	実施中
385	奈良県	天理市	天理市電子図書館	LibrariE&TRC-DL	2021 年 3 月	実施中
386	奈良県	五條市	ごじょうし電子図書館	LibrariE&TRC-DL	2022 年 11 月	実施中

	都道府県	自治体	電子図書館名	電子図書館サービス	開始年月	備考
387	奈良県	生駒市	生駒市電子図書館	LibrariE&TRC-DL	2020 年 10 月	実施中
388	奈良県	香芝市	かしば電子図書館	LibrariE&TRC-DL	2020 年 10 月	実施中
389	奈良県	葛城市	かつらぎし電子図書館	LibrariE&TRC-DL	2020 年 12 月	実施中
390	奈良県	宇陀市	うだし電子図書館	LibrariE&TRC-DL	2021 年 7 月	実施中
391	奈良県	三郷町	三郷町電子図書館	LibrariE&TRC-DL	2021 年 3 月	実施中
392	奈良県	斑鳩町	斑鳩町電子図書館	LibrariE&TRC-DL	2017 年 4 月	実施中
393	奈良県	三宅町	みぃも電子図書館	LibrariE&TRC-DL	2022 年 3 月	実施中
394	奈良県	王寺町	王寺町電子図書館	LibrariE&TRC-DL	2021 年 4 月	実施中
395	奈良県	広陵町	広陵町電子図書館	TRC-DL	2016 年 9 月	実施中
396	和歌山県	有田市	ありだ市電子図書館	LibrariE&TRC-DL	2022 年 12 月	実施中
397	和歌山県	紀の川市	紀の川市立図書館オーディオブックサービス	エルシエロ・オーディオブック	2021 年 4 月	実施中
398	和歌山県	岩出市	いわで e-Library	LibrariE&TRC-DL	2020 年 12 月	実施中
399	和歌山県	有田川町	有田川町電子図書館	TRC-DL	2011 年 11 月	実施中
400	鳥取県	鳥取市	鳥取市電子図書館	LibrariE&TRC-DL	2022 年 12 月	実施中
401	島根県	浜田市	浜田市電子図書館	TRC-DL	2013 年 8 月	実施中
402	広島県	広島県	広島県立図書館 With Books ひろしま	LibrariE&TRC-DL	2020 年 7 月	実施中
403	広島県	呉市	呉市電子図書館	LibrariE&TRC-DL	2021 年 1 月	実施中
404	広島県	竹原市	市立竹原書院図書館電子図書サービス	LibrariE&TRC-DL	2020 年 11 月	実施中
405	広島県	三原市	三原市立電子図書館	LibrariE&TRC-DL	2020 年 7 月	実施中
406	広島県	福山市	福山市電子図書サービス	OverDrive	2020 年 7 月	実施中
407	広島県	尾道市	尾道市電子図書サービス	OverDrive	2021 年 3 月	実施中
408	広島県	府中市	広島 府中市電子図書館	TRC-DL	2014 年 7 月	実施中
409	広島県	庄原市	庄原市電子図書サービス	LibrariE&TRC-DL	2022 年 10 月	実施中
410	広島県	東広島市	東広島市立電子図書館	LibrariE&TRC-DL	2016 年 11 月	実施中
411	山口県	山口県	山口県立山口図書館電子図書館サービス	KinoDen	2021 年 10 月	実施中
412	山口県	下関市	下関市立図書館（中止中）	NetLibrary(紀伊國屋書店)		中止中
413	山口県	宇部市	宇部市電子図書館	LibrariE&TRC-DL	2020 年 12 月	実施中
414	山口県	萩市	萩市電子図書館	TRC-DL	2011 年 3 月	実施中
415	山口県	防府市	防府市立防府図書館	LibrariE&TRC-DL	2022 年 10 月	実施中
416	山口県	下松市	下松市電子図書館	LibrariE&TRC-DL	2020 年 10 月	実施中
417	山口県	岩国市	岩国市電子図書館	LibrariE&TRC-DL	2021 年 10 月	実施中
418	山口県	光市	光市電子図書館	LibrariE&TRC-DL	2021 年 1 月	実施中
419	山口県	美祢市	みね電子図書館	LibrariE&TRC-DL	2022 年 7 月	実施中
420	山口県	周南市	周南市電子図書館	LibrariE&TRC-DL	2021 年 12 月	実施中
421	山口県	山陽小野田市	山陽小野田市電子図書館	LibrariE&TRC-DL	2021 年 10 月	実施中
422	徳島県	徳島県	とくしま電子図書館	KinoDen	2018 年 4 月	実施中
423	徳島県	徳島市	徳島市電子図書館	TRC-DL	2012 年 4 月	実施中
424	徳島県	阿南市	阿南市電子図書館	OverDrive	2018 年 4 月	実施中

	都道府県	自治体	電子図書館名	電子図書館サービス	開始年月	備考
425	徳島県	三好市	三好市電子図書館	OverDrive	2023 年 4 月	実施中
426	香川県	高松市	高松市電子図書館	LibariE&TRC-DL	2022 年 3 月	実施中
427	香川県	善通寺市	善通寺市電子図書館	LibariE&TRC-DL	2021 年 5 月	実施中
428	香川県	綾川町	綾川町電子図書館	TRC-DL	2012 年 4 月	実施中
429	香川県	まんのう町	まんのう町立図書館	OverDrive	2016 年 5 月	実施中
430	愛媛県	今治市	今治市電子図書館	TRC-DL	2013 年 8 月	実施中
431	愛媛県	宇和島市	宇和島市電子図書館	LibariE&TRC-DL	2021 年 7 月	実施中
432	愛媛県	新居浜市	新居浜市電子図書館	LibariE&TRC-DL	2021 年 1 月	実施中
433	愛媛県	西条市	西条市電子図書館	LibariE&TRC-DL	2021 年 6 月	実施中
434	愛媛県	四国中央市	四国中央市電子図書館	LibariE&TRC-DL	2022 年 10 月	実施中
435	愛媛県	砥部町	砥部町電子図書館	LibariE&TRC-DL	2022 年 10 月	実施中
436	愛媛県	伊方町	伊方町電子図書館	LibariE&TRC-DL	2020 年 12 月	実施中
437	高知県	高知県	高知県電子図書館	LibariE&TRC-DL	2017 年 10 月	実施中
438	高知県	須崎市	須崎市電子図書館サービス	OverDrive	2022 年 3 月	実施中
439	福岡県	福岡県	福岡県立図書館　電子図書館	LibariE&TRC-DL KinoDen	2020 年 10 月	実施中
440	福岡県	北九州市	北九州市子ども電子図書館	LibariE&TRC-DL	2021 年 4 月	実施中
441	福岡県	福岡市	福岡市電子図書館	LibariE&TRC-DL	2021 年 3 月	実施中
442	福岡県	大牟田市	ありあけ圏域電子図書館 大牟田市	LibariE&TRC-DL	2022 年 5 月	実施中
443	福岡県	田川市	田川市電子図書館	TRC-DL	2016 年 3 月	実施中
444	福岡県	柳川市	ありあけ圏域電子図書館　柳川市	LibariE&TRC-DL	2022 年 5 月	実施中
445	福岡県	八女市	やめし電子図書館	OverDrive	2022 年 3 月	実施中
446	福岡県	筑後市	筑後電子図書館	LibariE&TRC-DL	2022 年 1 月	実施中
447	福岡県	行橋市	行橋市電子図書館	LibariE&TRC-DL	2020 年 4 月	実施中
448	福岡県	筑紫野市	筑紫野市電子図書館	LibariE&TRC-DL	2022 年 9 月	実施中
449	福岡県	春日市	春日市電子図書館	LibariE&TRC-DL	2020 年 6 月	実施中
450	福岡県	大野城市	しあわせ電子図書館　大野城市	LibariE&TRC-DL	2023 年 4 月	実施中
451	福岡県	宗像市	宗像市電子図書館	LibariE&TRC-DL	2019 年 10 月	実施中
452	福岡県	古賀市	古賀市電子図書館	LibariE&TRC-DL	2021 年 3 月	実施中
453	福岡県	福津市	福津市電子図書館	LibariE&TRC-DL	2022 年 2 月	実施中
454	福岡県	朝倉市	朝倉市電子図書館	LibariE&TRC-DL	2021 年 3 月	実施中
455	福岡県	みやま市	ありあけ圏域電子図書館　みやま市	LibariE&TRC-DL	2022 年 5 月	実施中
456	福岡県	糸島市	糸島市図書館　電子書籍サービス	LibariE&TRC-DL	2021 年 4 月	実施中
457	福岡県	那珂川市	那珂川市電子図書館	LibariE&TRC-DL	2022 年 4 月	実施中
458	福岡県	宇美町	UMITOWN 宇美町電子図書館	LibariE&TRC-DL	2020 年 12 月	実施中
459	福岡県	志免町	しあわせ電子図書館　志免町	LibariE&TRC-DL	2023 年 4 月	実施中
460	福岡県	新宮町	しあわせ電子図書館　新宮町	LibariE&TRC-DL	2023 年 4 月	実施中

	都道府県	自治体	電子図書館名	電子図書館サービス	開始年月	備考
461	福岡県	久山町	久山町電子図書館	LibrariE&TRC-DL	2023 年 2 月	実施中
462	福岡県	粕屋町	しあわせ電子図書館　粕屋町	LibrariE&TRC-DL	2023 年 4 月	実施中
463	福岡県	岡垣町	岡垣サンリーアイ電子図書館	LibrariE&TRC-DL	2021 年 4 月	実施中
464	福岡県	桂川町	けいせん町電子図書館	LibrariE&TRC-DL	2021 年 6 月	実施中
465	福岡県	広川町	ひろかわ電子図書館	LibrariE&TRC-DL	2023 年 3 月	実施中
466	福岡県	福智町	ふくちのち電子図書館	LibrariE&TRC-DL	2021 年 10 月	実施中
467	福岡県	苅田町	苅田町立図書館電子図書サービス	OverDrive	2021 年 8 月	実施中
468	福岡県	みやこ町	みやこ町電子図書館	LibrariE&TRC-DL	2023 年 10 月	実施中
469	佐賀県	佐賀県	佐賀県立図書館　電子書籍サービス	KinoDen	2022 年 4 月	実施中
470	佐賀県	佐賀市	佐賀市電子図書館	LibrariE&TRC-DL	2023 年 6 月	実施中
471	佐賀県	武雄市	武雄市 MY 図書館（中止中）		2011 年 4 月	中止中
472	長崎県	長崎県	ミライ on 図書館　長崎県	KinoDen	2023 年 2 月	実施中
473	長崎県	長崎市	長崎市電子図書館	LibrariE&TRC-DL	2021 年 4 月	実施中
474	長崎県	佐世保市	佐世保市電子図書館	LibrariE&TRC-DL	2021 年 10 月	実施中
475	長崎県	大村市	ミライ on 図書館　大村市	KinoDen	2023 年 2 月	実施中
476	長崎県	西海市	さいかい電子図書館	LibrariE&TRC-DL	2022 年 3 月	実施中
477	長崎県	長与町	ながよ電子図書館	LibrariE&TRC-DL	2020 年 12 月	実施中
478	熊本県	熊本市	熊本市電子図書館	LibrariE&TRC-DL	2019 年 11 月	実施中
479	熊本県	八代市立	八代市電子図書館	TRC-DL	2015 年 4 月	実施中
480	熊本県	荒尾市	荒尾市立図書館　電子図書館	KinoDen LibrariE	2022 年 4 月	実施中
481	熊本県	玉名市	たまな圏域電子図書館　玉名市	LibrariE&TRC-DL	2021 年 7 月	実施中
482	熊本県	菊池市	きくち圏域電子図書館　菊池市	LibrariE&TRC-DL		実施中
483	熊本県	上天草市	上天草市電子図書館	OverDrive	2023 年 10 月	実施中
484	熊本県	玉東町	たまな圏域電子図書館　玉東町	LibrariE&TRC-DL	2021 年 7 月	実施中
485	熊本県	南関町	たまな圏域電子図書館　南関町	LibrariE&TRC-DL	2021 年 7 月	実施中
486	熊本県	長洲町	ありあけ圏域電子図書館　長洲町	LibrariE&TRC-DL	2022 年 5 月	実施中
487	熊本県	和水町	たまな圏域電子図書館　和水町	LibrariE&TRC-DL	2021 年 7 月	実施中
488	熊本県	大津町	きくち圏域電子図書館　大津町	LibrariE&TRC-DL	2020 年 12 月	実施中
489	熊本県	高森町	高森町タブレット図書館	LibrariE&TRC-DL	2023 年 4 月	実施中
490	熊本県	南阿蘇村	南阿蘇電子図書館	LibrariE&TRC-DL	2021 年 5 月	実施中
491	熊本県	益城町	ましきまち電子図書館	LibrariE&TRC-DL	2022 年 1 月	実施中
492	大分県	大分県	大分県立図書館電子書籍サービス	KinoDen	2021 年 3 月	実施中
493	大分県	佐伯市	三浦造船佐伯電子図書館	LibrariE&TRC-DL	2020 年 7 月	実施中
494	大分県	津久見市	津久見市電子図書館	LibrariE&TRC-DL	2021 年 3 月	実施中

	都道府県	自治体	電子図書館名	電子図書館サービス	開始年月	備考
495	大分県	豊後高田市	豊後高田市立図書館	TRC-DL	2013 年 6 月	実施中
496	大分県	宇佐市	宇佐市民図書館　電子分館	LibrariE&TRC-DL	2020 年 11 月	実施中
497	大分県	豊後大野市	豊後大野市電子図書館	LibrariE&TRC-DL	2021 年 3 月	実施中
498	宮崎県	宮崎市	宮崎市図書館ふるさとアーカイブ	LibrariE&TRC-DL	2020 年 10 月	実施中
499	鹿児島県	鹿児島市	鹿児島市電子図書館	LibrariE&TRC-DL	2022 年 2 月	実施中
500	鹿児島県	鹿屋市	鹿屋市立図書館	LibrariE&TRC-DL	2022 年 10 月	実施中
501	鹿児島県	薩摩川内市	薩摩川内市電子図書館	LibrariE&TRC-DL	2022 年 6 月	実施中
502	鹿児島県	志布志市	しぶし電子図書館	LibrariE&TRC-DL	2023 年 10 月	実施中
503	沖縄県	沖縄県	沖縄県立図書館　電子書籍サービス	KinoDen	2021 年 3 月	実施中
504	沖縄県	那覇市	なはし電子図書館	LibrariE&TRC-DL	2022 年 3 月	実施中
505	沖縄県	浦添市	浦添市電子図書館	LibrariE&TRC-DL	2022 年 2 月	実施中
506	沖縄県	糸満市	糸満市電子図書館	LibrariE&TRC-DL	2022 年 3 月	実施中
507	沖縄県	沖縄市	沖縄市電子図書館	LibrariE&TRC-DL	2021 年 2 月	実施中
508	沖縄県	豊見城市	とみぐすく電子図書館	LibrariE&TRC-DL	2020 年 12 月	実施中
509	沖縄県	うるま市	うるま市立電子図書館	LibrariE&TRC-DL	2021 年 2 月	実施中
510	沖縄県	南城市	南城市電子図書館	LibrariE&TRC-DL	2021 年 3 月	実施中
511	沖縄県	宮古島市	宮古市電子図書館	LibrariE&TRC-DL	2022 年 12 月	実施中
512	沖縄県	金武町	金武町電子図書館	LibrariE&TRC-DL	2021 年 12 月	実施中
513	沖縄県	伊江村	沖縄県立図書館 図書館未設置離島用電子書籍サービス 伊江村	KinoDen	2023 年 3 月	実施中
514	沖縄県	読谷村	読谷村電子図書館	LibrariE&TRC-DL	2021 年 3 月	実施中
515	沖縄県	与那国町	沖縄県立図書館 図書館未設置離島用電子書籍サービス 与那国町	KinoDen	2023 年 3 月	実施中
516	沖縄県	南風原町	南風原町電子図書館	LibrariE&TRC-DL	2020 年 10 月	実施中
517	沖縄県	渡嘉敷村	沖縄県立図書館 図書館未設置離島用電子書籍サービス 渡嘉敷村	KinoDen	2023 年 3 月	実施中
518	沖縄県	座間味村	沖縄県立図書館 図書館未設置離島用電子書籍サービス 座間味村	KinoDen	2023 年 3 月	実施中
519	沖縄県	粟国村	沖縄県立図書館 図書館未設置離島用電子書籍サービス 粟国村	KinoDen	2023 年 3 月	実施中
520	沖縄県	南大東村	沖縄県立図書館 図書館未設置離島用電子書籍サービス 南大東村	KinoDen	2023 年 3 月	実施中
521	沖縄県	北大東村	沖縄県立図書館 図書館未設置離島用電子書籍サービス 北大東村	KinoDen	2023 年 3 月	実施中
522	沖縄県	伊平屋村	沖縄県立図書館 図書館未設置離島用電子書籍サービス 伊平屋村	KinoDen	2023 年 3 月	実施中

	都道府県	自治体	電子図書館名	電子図書館サービス	開始年月	備考
523	沖縄県	伊是名村	沖縄県立図書館 図書館未設置離島用電子書籍サービス 伊是名村	KinoDen	2023 年 3 月	実施中
524	沖縄県	久米島町	久米島町電子図書館	LibrariE&TRC-DL	2018 年 11 月	実施中
525	沖縄県	八重瀬町	八重瀬町電子書籍サービス	LibrariE&TRC-DL	2022 年 1 月	実施中
526	沖縄県	竹富町	沖縄県立図書館 図書館未設置離島用電子書籍サービス 竹富町	KinoDen	2023 年 3 月	実施中

＊TRC（図書館流通センター）の電子図書館サービスは，2016 年 10 月以前は「TRC-DL」，2016 年 11 月以降は「LibrariE&TRC-DL」と表示

資料

[資料 B] 電子書籍・電子図書館関連用語

　今回の調査にあたり「図書館の電子書籍に関する用語」として，以下に解説する概念を前提とした。なお，本報告書・アンケートでは，オンライン上の蔵書検索（ウェブ OPAC）や，貸出予約サービスは「電子図書館サービス」に含めていない。

1．関連用語

①電子書籍サービス

　著作権が有効な電子書籍を，ライセンス数（同時閲覧数や貸出回数）や，期間，場所を限定して，オンラインで提供するサービスをいう。この電子書籍には，音声電子書籍（オーディオブック，リードアロング等）を含む。

②電子雑誌サービス

　電子雑誌を提供するサービスをいう（学術雑誌を除く）。

③電子ジャーナルサービス

　学術雑誌の全文をオンラインで提供するサービスをいう。

④国立国会図書館「図書館向けデジタル化資料送信サービス」

　国立国会図書館のデジタル化資料のうち，著作権の規定により，絶版等の理由で市場で入手が困難な資料を全国の公共・大学図書館等の館内で利用できるサービスをいう[4]。

⑤データベース提供サービス

　主に事典・辞書，専門情報，新聞，雑誌，統計情報などのデータをオンラインで提供するサービスをいう。

⑥デジタルアーカイブの提供

　図書館や自治体の所有する郷土資料，年鑑，自治体広報，貴重書，絵，写真，地図，映像資料，音声資料等を電子化してアーカイブし，提供することをいう。

⑦音楽・音声情報配信サービス

　音楽情報や音声情報をオンラインで提供するサービスをいう。

⑧パブリックドメイン作品

　著作権が発生していない作品または，消滅した作品のことをいう。

4　図書館向けデジタル化資料送信サービス（日本国内の図書館員の方へ）．国立国会図書館．https://www.ndl.go.jp/jp/library/service_digi/,（参照 2023-12-15）.

⑨**障害者向け電子書籍等の提供**

　視覚による表現の認識が困難な人に対して電子書籍（デイジー図書を含む）を提供するサービスをいう。

⑩**電子書籍コンテンツ**

　電子書籍サービスとしてスマートフォンやタブレット，パソコンなどに提供される電子版のコンテンツをいう。提供サービスでは，電子書籍端末や電子書籍ビューアで閲覧できるように技術的な処理がされ，電子的提供ができるように著作権者との権利処理が行われている。また，電子的に検索ができるように書誌情報等が総合的に提供されている。

　電子書籍コンテンツは，主に本文（目次・奥付情報等含む），書誌データ等（電子書籍メタデータ），書影（表紙のデータ）から構成される。

⑪**電子書籍端末**

　電子書籍を読むことができる電子機器（電子デバイス）のことをいう。汎用端末としては，スマートフォンやタブレット，パソコンがあり，この電子機器を使いウェブブラウザやアプリ（アプリケーション）を使って閲覧する。また，電子書籍専用端末（Amazon Kindle，kobo 等）では，端末に紐づいた電子書店の電子書籍コンテンツを読むことができる。

⑫**電子書籍ビューア**

　電子書籍を読むことができるソフトウェアのことをいう。前述の汎用の電子書籍端末上で動作し，電子書籍を読むために必要となるソフトウェアである。日本の公共図書館電子書籍サービスの場合は，ウェブブラウザやアプリをビューアとして使用するものが多い。

2．電子図書館サービスの類型およびサービス例

　以下に，電子図書館サービスの類型とサービス例（提供者）をまとめておく（順不同）。

①**電子書籍サービス**

・LibrariE & TRC-DL（図書館流通センター）

・OverDrive（メディアドゥ）

・Maruzen eBook Library（丸善雄松堂）

・KinoDen（紀伊國屋書店）

・LibrariE（日本電子図書館サービス，紀伊國屋書店）

・Yomokka！（ポプラ社）

・ELCIELO でのオーディオブック配信サービス（京セラコミュニケーションシステム・オトバンク）

・EBSCO eBooks& Audiobooks（EBSCO）

・医書.jp（医書ジェーピー）

・Spring eBook（Springer）

・Wiley Online Library（Wiley）等

②電子雑誌サービス

・TRC-DL マガジン（図書館流通センター）等

③電子ジャーナルサービス

・Sience Direct（Elsevier）

・SpringerLINK（Springer）

・Wiley Interscience（Wiley）等

④国立国会図書館「図書館向けデジタル化資料送信サービス」

⑤データベース提供サービス

・ジャパンナレッジ（JapanKnowledge）（ネットアドバンス）

・官報検索情報サービス（国立印刷局）

・ポプラディアネット（ポプラ社）

・医中誌 Web（医学中央雑誌刊行会）

・日経テレコン 21（日本経済新聞社）

・日経 BP 記事検索サービス（日経 BP 社）

・ヨミダス歴史館（読売新聞社）

・D1-Law.com（第一法規等）

・朝日新聞クロスサーチ（「聞蔵Ⅱビジュアル」名称変更）（朝日新聞社）

・毎索（毎日新聞社）

・CiNii 機関認証サービス（国立情報学研究所）等

⑥デジタルアーカイブの提供

・ADEAC（図書館流通センター）

・AMLAD（NTT データ）等

⑦音楽配信サービス

・ナクソス・ミュージック・ライブラリー（ナクソスジャパン）等

⑧パブリックドメイン電子書籍提供

・青空文庫

・プロジェクト Gutenberg 等

⑨障害者向け電子書籍等提供

・サピエ図書館

・アクセシブルライブラリー（メディアドゥ）

■監修者

一般社団法人電子出版制作・流通協議会

幹事会社　凸版印刷株式会社，大日本印刷株式会社

発足　　　2010 年 7 月　一般社団登録 2010 年 9 月 3 日

設立目的　日本の電子出版産業の成長と健全な発展のための環境の実現を目指し，電子出版産業の発展のため課題の整理と検証，配信インフラ基盤にかかわる問題解決，市場形成における検証や電子出版振興にかかわる提言等，出版社や出版関連団体，権利者及び行政との密接な連携により，電子出版の発展に貢献できる活動の遂行。

協会の活動　1．電子出版制作・流通ビジネスに関係する情報共有
　　　　　　2．制作・規格・仕様・流通に関する協議
　　　　　　3．電子出版産業の発展と普及にかかわる活動
　　　　　　4．電子出版制作・流通ビジネス日本モデルの検討及び協議
　　　　　　5．商業・公共・教育・図書館等電子出版関連分野に関する情報共有

URL　　　https://aebs.or.jp

電子図書館・コンテンツ教育利用部会

部会長　山崎榮三郎

委員・部会参加組織（順不同）

凸版印刷株式会社，大日本印刷株式会社，丸善 CHI ホールディングス株式会社，株式会社図書館流通センター，丸善雄松堂株式会社，NEC ネクサソリューションズ株式会社，株式会社メディアドゥ，富士通株式会社，BIPROGY 株式会社，アライドブレインズ株式会社，京セラコミュニケーションシステム株式会社，株式会社コンテンツジャパン，株式会社日本電子図書館サービス，株式会社紀伊國屋書店，株式会社ポプラ社

協力　　　国立国会図書館

■編著者

植村八潮（うえむら・やしお）

1956 年生まれ。専修大学文学部教授，博士（コミュニケーション学）

東京電機大学工学部卒業後，同大出版局に入局。出版局長を経て，2012 年 4 月より専修大学教授。同時に株式会社出版デジタル機構代表取締役に就任。同年取締役会長に就任し，2014 年退任

著書に『ポストデジタル時代の公共図書館』（編著，勉誠出版，2017），『電子書籍制作・流通の基礎テキスト：出版社・制作会社スタッフが知っておきたいこと』（編著，ポット出版，2014），『電子出版の構図 - 実態のない書物の行方』（印刷学会出版部，2010）など

野口武悟（のぐち・たけのり）

1978 年生まれ。専修大学文学部教授・放送大学客員教授，博士（図書館情報学）

主に，図書館（特に公共図書館と学校図書館）サービスのあり方，情報のアクセシビリティなどを研究している

著書に『読書バリアフリーの世界』（単著，三和書籍，2023），『変化する社会とともに歩む学校図書館』（単著，勉誠出版，2021），『改訂　図書館のアクセシビリティ：「合理的配慮」の提供へ向けて』（共編著，樹村房，2021）など

長谷川智信（はせがわ・とものぶ）

1963 年生まれ。駒澤大学経営学部卒業，慶應義塾大学経済学部卒業

1986 年株式会社電波新聞社入社。1989 年凸版印刷株式会社入社。2010 年一般社団法人電子出版制作・流通協議会（出向），電子図書館部会（現，電子図書館・コンテンツ教育利用部会）担当。日本出版学会会員

著書・編集に『電子書籍に関する公共図書館での検討実施状況のアンケート（2013）』『電子図書館・電子書籍サービス調査報告（2014 ～ 2022）』

電子図書館・電子書籍サービス調査報告 2023

誰もが利用できる読書環境をめざして

2024 年 1 月 19 日　初版第 1 刷発行

検印廃止

監修者	一般社団法人	
	電子出版制作・流通協議会	
編著者	植村　八潮	
	野口　武悟	
	長谷川　智信	
発行者	大塚　栄一	

発行所　　株式会社 樹村房

〒 112-0002
東京都文京区小石川 5 丁目 11-7
電話　　　03-3868-7321
FAX　　　03-6801-5202
振替　　　00190-3-93169
https://www.jusonbo.co.jp/

組版・印刷・製本／株式会社丸井工文社